꿈이 있는 사람은 두려워하지 않는다

도서출판 두돌비

Contents _ 목차

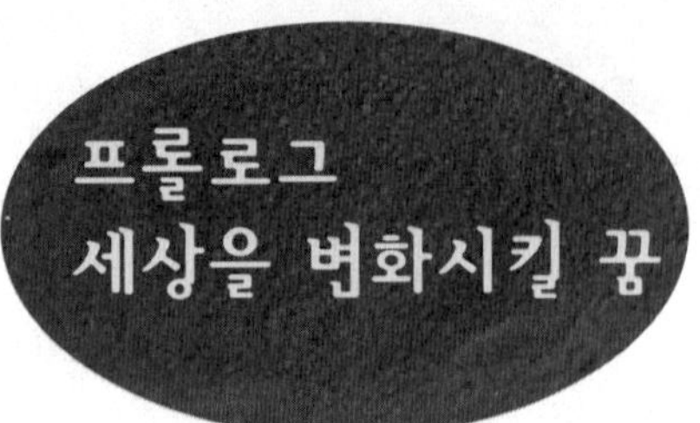

프롤로그
세상을 변화시킬 꿈

어느 날 내가 예수 그리스도를 나의 구주로 영접했을 때, 성령님께서는 나의 초점을 성령님자신께로 맞추도록 도우셨다. 그분은 나의 마음을 움직이는 주인이 되셨고, 나의 삶을 이끌어가는 능력이셨다. 그분은 내 곁에 앉아계시기도 하시고, 내 마음속에서 속삭이기도 하셨다. 그분은 나에게 일감을 주시면서 "내가 도울 테니 너는 순종만 하라."고 말씀하셨다.

내가 전쟁 후 어렵고 가난한 시절에 부모님을 여의고 나서 부모의 자리에서 어린 네 명의 동생들을 돌보던 중 보다 더 큰 희망을 품고 독일로 간호사로 파견되어 왔을 때도 나는 그분의 뜻을 알지 못했다. 하나님께서 나를 그의 주권으로 선택하셨다는 것, 그리고 나에게 맡기실 계획을 가지고 나를 독일로 보냈다는 것을 나는 전혀 눈치채지 못한 것이다. 마치 내가 어머니의 태에 있을 때, 아무 것도 알지 못한 것처럼…

그 후 많은 시간이 흘러갔다. 내가 하나님의 일을 하게 되었을 때, 하나님의 때가 되었을 것이라고 해석할 수 있겠지만 때가 되었다고 해서 그 만큼 나의 환경이나 능력이 갖추어진 것도 아니었다. 다만 하나님의 임재하심이 뚜렷했다는 것과 내 마음에 가득했다는 것은 확실하다. 그 외의 다른 방법으로 표현할 길이 없다.

어떤 사명을 받을 때는, 나이 들었을 때보다 보다 젊었을 때가 훨씬 더 좋을 것이다. 그럼에도 불구하고 나는 20대 중반에 이르러 독일에 와서 정규 간호사도 아닌 보조 간호사로서 온갖 힘든 일을 하느라고 나 자신을 돌아볼 겨를도 없었다. 독일이라는 선진국에 왔으니 이 나라를 배워보자는 꿈도 가질 수도 없었고, 여기서 무엇이 되겠다는 희망을 가질 겨를도 없었다.

매일 나에게 닥친 일을 충실하게 했을 뿐이다. 독일에서 한 남자를 만나 결혼하여 행복하게 살겠다는 생각도 해 본 적이 없었다. 그냥 평범하게 살았다는 애기이다. 그러나 내가 믿음을 갖기 시작한 후에 깨달은 것은 하나님의 크고 자애로우신 손길에 잡혀 있었다는 것이다. 내가 운명에 맡기고 살았다고 표현했지만 그 운명의 주인은 하나님이셨다는 것이며, 나의 하나하나의 생각과 태도, 행동에 이르기까지 하나님께서 다 알고 보고 계셨다는 것이다.

내가 전혀 알지 못한 위기 속에서도 하나님은 피할길을 항상 열어 주셨으며, 내가 전혀 잘 못 생각한 것에 이르기까지 나의 생각과 행동을 붙잡아 주셨다는 것이다. 내가 40대 중반이 되어서야 신학공부를 시작했을 때, 신학이라는 학문에 대단한 역량을 갖춘 후에 독일과 인도에 신학교를 설립하게 하셨다든가, 아프리카나 러시아 등지에 선교할 수 있는 기회를 주신 것도 아닌 것 같다. 내가 간호사로서 일을 할 때에도 하나님은 나에게 영혼을 긍휼이 여기시는 마음을 이미 주셨기 때문이었다. 전에도, 지금도 나는 주님의 마음을 헤아려 드리고 싶은 마음 외에는 다른 데 관심이 없다.

노력해서가 아니라 나의 성격이다. 달리 표현하자면 주님의 은혜이다. 나는 하나님의 꿈을 조금은 이해하고 있다. 사람을 사랑하는 꿈이다. 하나님께서 예수 그리스도 안에 예비하신 엄청난 사랑의 선물들을 영원토록 나누고자 하는 꿈 말이다. 눈물과 고통과 죽음이라는 제한된 세상을 넘어서서 영원한 생명을 누릴 수 있는 복된 꿈…

내 꿈은 이와 같은 하나님의 놀라운 꿈을 내가 조금이라도 이루어 드리고 싶은 것이다.

"나는 너와 함께 나의 꿈을 이루고 싶구나!
내 꿈에 대해서 들어주겠니?"

주님께서는 나와 함께 무엇인가 꿈을 이루고 싶은 것이 있었다. 꿈을 가지신 그 분이 그의 마음을 나에게 맡기시려는 것이었다. 내가 그 분의 멋있는 꿈을 이루겠다고 결심하는 순간부터 나는 의심도 사라지고 두려움도 사라졌다. 그분은 끝까지 함께 가겠다는 순종 외에는 아무 것도 요구하지 않으셨다.

지식이나 지혜나 경험 같은 것도 중요하지 않았다. 나는 이 책에 어려운 시대에 태어나 질곡의 세월을 살았던 삶을 담았다. 그리고 하나님께서 나와 함께 이루어가기를 원하시는 꿈을 담았다. 어느 날, 하나님은 나에게 지구를 보여 주시고, 빙글빙글 돌리시면서 이 지구를 함께 돌려보자고 말씀하셨다. 지구를 돌리도록 나의 손을 움직여 주시겠다는 것이었다.

나의 작은 기도, 나의 작은 움직임으로 세상을 움직일 수 있다는 것이었다. 움직인다는 것은 변화를 의미하는 것 같았다. 그리고 다른 사람들에게도 변화의 희망을 주자는 것이었다. 우리가 세상을 다 가질 수는 없을 것이다. 하지만 하나님의 손에 잡힌 수많은 사람들에 의해서 세상은 변화되어왔다.

나는 구체적으로 세상을 변화시킬 것이 무엇인가를 잘 알지 못한다. 그러나 우리 모두는 세상을 변화시킬 무언가를 품고 있다고 믿고 있다. 이런 것을 알고 있는 사람은 세상을 결코 두려워하지 않는다. 변화의 희망이 그 두려움보다 훨씬 더 강하고 크기 때문이며 두려움을 주는 존재보다 더 위대하고 강한 능력의 하나님이 우리와 함께 계시기 때문이다. 아멘

갇혔던 새, 창공을 날다

그때 나는 분명히 꿈을 꾸고 있었다. 비행기는 끝없는 하늘을 날아가고 있었다. 하지만 내 귀에는 아무 소리도 들리지 않았다. 다만 잠들지 않는 눈을 감고 비행기 좌석에 앉아서 상념의 나래를 펼치고 있었다. 낙담과 슬픔의 새장 속에 갇혀 있었던 한 마리의 새가 누군가 열어준 문을 나와 희망의 창공을 끝없이 날고 있었다. 비행기는 알라스카를 지나 독일 쾰른을 향해 날고 있었다.

그곳에 나의 미지의 미래가 기다리고 있었다. 그것은 희망이었다. 하지만 그것은 나 자신의 미래에 대한 희망은 아니었다. 6.25라는 난리를 겪고 난 후, 그 혼란의 와중에서 부모를 잃고 외롭고 고달픈 목숨을 이어온 가련하고 불쌍한 내 동생들을 행복하게 해주고 싶은 한결같은 희망, 그것이 내가 이 세상에 존재하는 이유였으며 그것이 나를 지탱해주는 힘이었다.

이 땅에서 전쟁을 겪고 난 후 가난과 궁핍을 삶의 운명처럼 받아들이며 살아왔던 작은 여자, 희망을 가지면 희망이 가까이 다가온다는 말처럼 어느 날 내 삶을 전환시킬 신문광고가 눈에 띄었던 것이다. 파독 보조 간호사 모집광고였다. 간호사 자격이 없어도 단기간 교육을 받고 독일 병원에 좋은 조건으로 파견시켜준다는 것이었다.

난리 통에 가장이 되어 정신없이 네 명의 동생들을 돌봐야 했던 나는 무엇인가 내 인생의 전환점이 될 만한 섬광 같은 것을 느꼈다. 그러나 한 줄기 희망의 빛이 비쳐 올 때면 정체 모른 불안감이 마음에 스며드는 것일까?

"이 선발시험에 과연 통과할 수 있을까?"

하지만 나는 지금까지 온갖 세파들을 헤쳐 나왔다. 간호사 선발 시험에 역시 내가 극복해야 할 또 하나의 세파였다. 400명을 뽑는다는데 1,600명이 몰려왔지만 나는 필기시험과 면접을 통과하였다. 나를 면접한 시험관은 나에게 왜 독일로 가려고 하느냐고 물었다.

"부모님이 세상을 뜨시고 동생 넷과 함께 사는데 내 동생들에게 쌀밥도 실컷 먹여주고 공부할 수 있게 도와주고 싶어서요. 이국땅이라도 가야 합니다."

나는 사랑하는 내 동생들에게 행복을 안겨 주고 싶었고 내가 독일에 가서 돈을 벌어 그 아이들에게 희망을 심어주고 싶었다. 비행기 날개가 구름 사이로 비껴 날아가는 모습을 보면서 나의 상념 속에서 피어오르는 이야기는 계속 이어져 갔다. 그때로부터 몇 년 전이었다.

우리나라 대통령이 독일에 갔을 때, 잘 살아보겠다고 사랑하는 가족과 고향을 떠나 낯선 땅 독일에서 고생하는 보조 간호사와 광부를 눈물로 위로하며 고난을 이겨나가자고 격려했던 일이 있었다. 가난하고 힘없는 우리나라, 일본의 식민지를 막 벗어난 나라에 일어난 전쟁은 너무나도 가혹했다.

부모나 자식을 잃은 사람들, 폭격으로 폐허가 된 도시들, 가난과 질병으로 쓰레기더미에서 장미꽃이 피어나리라는 기대와 희망을 가질 수 없는 참담한 나라였다. 해골처럼 앙상하게 남은 건물의 잔해위에 쪼그리고 앉아 멍하니 허공을 바라볼 뿐이었다. 어느 누구도 미래나 내일 같은 희망의 말들을 가슴에 품지 않았다. 내일이란 생존을 장담할 수 없는 또 다른 오늘이었다. 다만 할 수 있는 것은 생존을 위한 작은 기도뿐이었다.

꿈이 있다면 굶지 않고 하루를 넘기는 것이었으며, 이 배고픔이 자식 세대들에게 물려지지 않기를 바랐던 것이다. 삶 자체가 너무나 가혹하여 삶을 포기해도 아무도 나무랄 수 없었던 시대였다. 하지만 결코 포기하거나 도망치지 않았다. 비록 자신들에게는 내일이 없을지라도 자식들이 살아갈 내일을 위하여 기도하고 있었다. 희망을 잃어버리고 비탄에 빠진 공허한 눈동자들, 그들은 바라볼 곳이 없었고, 기대할 미래도 없었다.

우리나라는 역사상 최악의 시대를 맞이하고 있었다. 당시 유엔이 파악하고 있는 나라는 120개국, 우리나라의 일인당 국민소득은 겨우 67불이었다. 인도 다음으로 못 사는 나라가 우리 조국이었다. 우리나라 대통령은 독일로 날아가 차관을 얻어왔다. 낙후된 나라를 든든히 세워 보자는 것이었다. 지도자로서 국민들에게 희망을 주겠다는 바램이었다.

그때 서독이 필요로 하는 간호사와 광부들을 보냈다. 모두가 다 희망을 품고 갔던 사람들이었다. 좋지 않는 소문도 물론 있었다. 간호사들과 광부들의 임금을 담보로 잡히고 차관을 얻어왔다는 소문도 있었다.

뿐만 아니라 서독으로 간 간호사들이 처음 한 일은 거즈를 알코올에 묻혀 굳어버린 시체들을 이리저리 굴리며 닦는 것이라는 소문도 있었다. 광부들은 지하 천 미터의 깊은 갱 속에서 뜨거운 열기를 견디며 목숨을 내놓고 일했다. 열심히 일하는 우리 한국 사람들의 모습에 감동한 서독 대통령은 한국 대통령을 초대했다고 한다. 타고 올 비행기도 없어서 서독에서 보냈다고 한다. 고국의 대통령을 보려고 한국 사람들이 강당에 모였을 때 연설에 앞서서 애국가를 부르던 사람들은 목이 메었다.

"하나님이 보우하사 우리나라 만세"

대통령도 목이 메어 준비된 원고를 접고 사람들을 격려했다.

"얼마나 고생들을 하십니까? 열심히 일하여 조국을 재건합시다. 그래서 우리 후손들만큼은 결단코 타국에 팔려나오지 않아야겠습니다."

파독 광부들과 간호사들은 서독 대통령에게 큰 절을 올리며 울면서 부탁했다.

"우리나라를 도와주세요. 우리 대통령을 도와주세요."

목 놓아 우는 광부와 간호사들을 두고 호텔로 돌아가는 차 안에서 대통령은 하염없이 눈물을 흘렸다고 한다. 서독의 뤼브케 대통령은 손수건을 꺼내주며 위로했다.

"당신의 눈물과 당신의 국민들의 눈물이 나를 감동시켰습니다. 우리가 돕겠으니 눈물을 거두십시오."

분단의 아픔을 가진 독일이 동일한 아픔을 가진 우리를 돕기 시작했다. 그때부터 독일이 라인 강의 기적을 일으켰다면 우리는 한강의 기적을 일으키겠다는 희망의 싹이 자라기 시작했다.

끝없이 펼쳐지는 상념들…

그 때 나는 심한 갈증을 느끼고 있었다. 그것은 그동안 채우지 못했던 나의 삶에 대한 갈증이었다. 그것은 내 인생의 전환점이 되리라는 신호와 같은 것이었다. 비로소 나는 인생에서 처음으로 희망이란 말을 떠올렸다. 희망을 위하여 나는 어떤 꿈을 꿀 수 있을까?

지금까지 살아오면서 꿈을 꾼다는 것이 정말 부질없는 허상이었던 것은, 무거운 짐을 머리에 이고 가파른 언덕을 숨차게 오르던 내게 생각할 겨를이 없었기 때문이다.

바로 그 순간 나의 삶에 새로운 장이 열릴 것만 같은 환희가 내 안에서 피어오르고 있었다. 어릴 때 목화를 따서 실을 풀어내는 것을 보았다. 실타래를 베틀에 걸고 옷감을 짜는 것이 너무도 신기했다. 내 마음에 잔잔하게 쌓인 하얀 목화송이들에서 어떤 실이 풀려나올까?

어떤 색깔의 옷감들로 지어질까?
나의 미래에 대한 호기심이 눈을 뜨기 시작했다.
태양빛처럼 눈부신 삶일까?
달빛처럼 은은한 삶일까?
잠들었던 꿈이 깨어나는 순간이었다.
나는 어느 새 빙그레 미소를 짓고 있었다.

2
고난은 희망보다 강하다

사선을 넘어서 : 피난 행렬을 따라

나는 해방 이듬해 평양에서 태어났다. 나는 여섯 살 때를 생생하게 기억하고 있다. 세상은 온통 전쟁터였다. 지금 생각해 보니 그때가 1.4후퇴 시기였다.

우리 가족은 남쪽으로 피난을 서두르고 있었다. 그때 북한군의 침략으로 대한민국 정부는 낙동강 이남으로 내려갔고 남한은 북한군 세상이 되고 말았다. 마침 국군과 유엔군이 인천 상륙작전에 성공하여 서울을 탈환하고 북쪽으로 밀고 올라가 북한의 대부분을 수복하였다. 그러나 북한군은 더 이상 자력으로 영토를 지킬 수 없게 되자 중국의 엄청난 군대와 물량의 지원을 받아 대대적으로 남쪽으로 밀고 내려왔다. 국군은 평양을 내주고 3.8선까지 후퇴를 하게 되었고 수십 만 명의 피난민이 한꺼번에 남쪽을 향해 내려오게 되었다. 원산과 흥남부두로 몰려든 피난민들은 미군이 제공한 배를 타고 남하하였고, 한 겨울에 덮개 없는 피난열차에 짐짝처럼 몸을 실었던 사람들이 달리는 열차에 아슬아슬하게 매달려 내려가고 있었다.

240만 명의 피난민들, 12월과 1월의 엄동설한에 얼어 죽은 사람들, 배고파 죽은 사람들, 병들어 죽은 사람들, 열차에서 떨어져 죽은 사람들이 도처에 나동그라져 있었다. 전투기의 기총 소사로 수를 헤아릴 수 없는 시체들이 논바닥에도 길바닥에도 처참하게 쓰러져 있었다. 전쟁은 지옥이었다. 우리 가족은 피난민들 가운데 하나였다.

남쪽으로 내려가는 대동강 철교는 폭격으로 이미 파괴되었다. 수많은 사람들이 파괴된 대동강 철교를 건너려고 필사적으로 매달려 있었다. 그때 아버지는 드럼통들을 구하여 굵은 나무들을 엮어 뗏목을 만들었다. 우리 가족들을 위해서만이 아니었다. 많은 사람들을 태워 대동강을 건네주었다. 아버지가 몰려든 사람들을 차례차례 건네주고 맨 마지막에 건너왔을 때 갑자기 전투기의 굉음을 들었다. 비행기 (쌕쌕이) 한 대가 나타나더니 총알을 퍼붓기 시작했다.

아버지는 다급히 물속으로 뛰어들었다. 쌕쌕이가 지나갈 때까지 물속에서 숨을 죽이고 있어야만 했다. 물에 온몸이 잠겼을 때 입었던 옷이 무거워져서 몸이 가라앉기 시작했다고 한다. 아버지는 숨을 참으며 물속에서 옷을 하나씩 벗었다. 거의 알몸이 되어 물 밖으로 나왔을 때, 온 몸은 저체온으로 정신을 잃어가기 시작했다.

사람들은 아버지를 살리려고 애를 썼다. 이불을 덮어주고 팔과 다리를 주물러 체온을 회복시켜야 했던 것이다. 어떤 사람들은 근처의 빈집에 들어가 술을 구해와 아버지의 입에 조금씩 넣어주었다. 체온을 올리는 데에 술이 좋은 줄 알았던 것 같다. 기적이 일어났다. 아버지는 정신을 차리고 눈을 떴다. 우리는 계속 남쪽을 향해 걸었다. 추위는 살갗을 파고들고 배는 고파도 살아야 한다는 생각으로 이겨나갔다. 생존은 우리의 희망이었다.

고난 보다 더 강한 것이 희망이 아니던가. 어머니는 약한 분이셨다. 그러나 어린 자녀들을 위해서는 강했다. 머리에 보따리를 이고 가면서도 어린 여동생을 업고 걸었다. 도중에 전라도가 고향이라는 청년들을 만났다. 그들은 전쟁이 터지고 인민군이 쳐들어왔을 때 붙잡혀 북한으로 끌려가다가 탈출하거나 낙오된 사람들이었다.

아버지는 그들에게 자애로운 형님이었다. 검문소에서 걸리면 친척들이라고 둘러대면서 그들을 고향에까지 데려주었다. 그들의 부모들은 죽었다고 생각한 아들들이 돌아와 얼마나 기뻐하는지 잔치를 벌이고 우리를 대접해 주었다. 날씨가 차츰 풀리자 아버지는 어려운 시절에 신세를 질 수 없다며 떠나자고 하셨다. 아버지는 춘천으로 갈 생각을 하고 계셨던 것이다.

아! 아버지, 이토록 허망하게 가실것을

아버지는 영어를 썩 잘 하셨다. 일본 강점시대에 유학했을 때 배웠다고 한다. 당시에 춘천에는 미군이 주둔해 있었으므로 영어 통역 일자리를 기대하고 춘천으로 가자고 했을 것이다. 아버지는 통역자로서 미군부대에서 일자리를 얻었다. 우리 가족들은 항상 미군 부대 근처에서 살았다. 아직 전쟁은 끝나지 않았는데 나는 유치원에 들어갔다. 미국인 여자가 원장이었다. 유치원에서 첫 번 크리스마스를 맞이했다. 산타 할아버지가 나오더니 내 이름을 부르고 예쁜 인형을 선물로 주었다. 금발에 파란 눈의 인형이었다.

"하늘에서 내려온 산타 할아버지가 내 이름을 어떻게 알지?"

받은 선물을 보면서 나는 참 신기했다. 춘천에 주둔하던 미군들 중에서 아버지와 친한 사람들이 여럿 있었다. 그들이 춘천을 떠날 때 아버지에게 카메라를 선물로 주었다. 당시에 카메라를 가진 사람은 많지 않았다. 사진관도 드물었다. 아버지는 그것으로 사진관을 차렸다. 사진관은 의외로 잘 되었다.

우리 집은 살림이 펴지기 시작하고 나는 제법 잘 사는 집의 딸이 되어 있었다. 그 무렵 아버지는 서울로 이사할 계획을 갖고 계셨다. 서울에 집을 사려고 돈뭉치를 가지고 갔다가 그만 강도를 만나 몽땅 빼앗기고 상처까지 입고 돌아왔다. 얼마 후에 서울 인현동으로 이사 가서 근처 충무로에 사진관을 차렸다.

서울에도 사진관이 귀했다. 춘천에서보다 사진관은 더 잘되어 우리 가족들은 남부럽지 않을 정도로 살 수 있게 되었다. 그 무렵 전쟁이 끝나고 사람들은 폐허가 된 집을 일으켜 세우면서 마음을 추스르고 있었다. 모두가 다 어렵고 궁핍하게 살았다. 거리는 상이군인들로 넘쳐났고 어디에나 배고픈 거지와 고아들이 쪼그리고 있었다. 곳곳에 쌓여있는 냄새나는 쓰레기들은 무질서와 혼란의 시대를 말해주고 있었다. 이런 와중에서도 우리 가족은 비교적 먹고 입고 사는 데에는 어려움이 없었다. 충무로에 이어 종로에도 사진관을 열었고, 남대문 시장에 사진 재료상을 하고 있었다.

영희 초등학교에 들어간 나는 신식 나일론 책가방을 들고 다닐 정도였다. 아버지는 어떤 어려운 삶에서도 굴하지 않으셨다. 우리 가족들은 아버지의 모습만 바라봐도 힘이 솟아났다. 아버지란 바로 희망의 존재였다. 아버지는 천주교회에 나가셨다.

때로는 너무 바빠서 교회에 나가지 못한 때도 있었지만 아버지는 예수님의 가르침에 늘 순종하는 삶을 사셨다. 그런 아버지가 나에게는 존경스러웠다. 아버지를 따라서 교회에 나가 기도를 배우기 시작했다. 그때 배운 기도는 나의 믿음이 온전하지 못할 때에 큰 힘이 되어 주었다. 우리 집에는 항상 손님들로 붐볐다.

아버지가 저녁에 집에 돌아올 때는 낯선 아이들과 함께 올 때가 많았다. 시골에서 갓 올라온 아이들이었다. 그때는 초등학교를 졸업한 나이쯤의 아이들이 살 길을 찾아 무작정 상경하는 시대였다. 잘 살아보겠다는 꿈을 가진 아이들이었다.

서울 역전에서 갈 곳 없어 웅크리고 앉아 있는 배고픈 아이들이었다. 아버지는 어머니에게 그 아이들을 목욕탕에 보내라고 하시고 새 옷을 입혔다. 공부하고 싶어 하는 아이들에게는 야간중학교에 보내주고, 낮에는 사진 기술도 가르쳐 주었다. 꼭 아버지처럼 말이다.

그래서 밥상머리에 우리 식구들만 앉아 먹는 일이 거의 없었다. 함께 둘러 앉아 식구처럼 먹었다. 직장도 없이 추운 겨울을 지나는 집에는 연탄을 보내주기도 하고, 쌀을 가마니채로 사서 보내 주었다. 그래서 나는 그때 또 하나의 꿈을 꾸고 있었다.

"이담에 내가 크면 아버지처럼 다른 사람에게 밥을 먹여주는 사람이 되어야지!"

하지만 행복은 오래 가지 않았다. 고난은 행복한 사람들을 시샘하는가 싶었다. 고난에는 누구나 예외가 없었다. 삶이나 죽음도 사람의 손에 달려있지 않았다. 아버지의 나이 40살이었을 때, 시름시름 앓기 시작했다. 신장에 이상이 생겨 입원하여 계속 치료를 받았지만 결국 42세의 젊은 나이로 세상을 뜨셨다.

아 아버지!

그렇게 아버지는 허망하게 가셨다. 어려운 시대에 가장이 사라진 가족, 그것은 삶의 버팀목이 무너져 내린 것이었다. 희망이 한순간에 사라지고 절망이 자리를 대신하는 것이었다. 그날은 캄캄한 밤이었다.

우리 집에 한 걸음도 내 딛을 수 없는 절망의 밤이 시작되었다. 잘되던 사진관도 남의 손에 넘어가고 말았다. 나머지 다른 재산들도 모두 남의 손에 넘어갔다. 아버지는 남의 손에 사업을 맡길 때 소유권에 대하여 분명히 하지 않으셨던 것이다.

아버지는 평소에 남을 믿고 사신 분이었다. 몹쓸 사람들이 아버지의 순한 마음을 이용한 것이다. 우리가 살던 집 한 채만 달랑 남았을 뿐이었다. 앞으로 어떻게 살아갈 것인가?

오로지 남편 한 사람을 의지하며 살았던 연약한 어머니였다. 집안일도 파출부를 시켜서 했던 어머니였다. 아버지는 어린 다섯 아이들을 연약한 아내에게 남기고 세상을 떠났다. 그러나 어머니는 다섯 명의 어린 자녀들을 위하여 절망하고만 있을 수 없었다. 산 사람은 살아야만 했다. 어머니는 살림을 정리하여 우리 집에서 부엌일을 하던 아줌마를 데리고 밥장사를 시작했다.

사람들은 많이 왔다. 그러나 어려운 시절이어서 외상으로 먹고 갔다. 아무도 갚아주는 사람이 없었다. 주위 사람들은 걱정을 해주며 밥을 주기 전에 선금을 받으라고 했다. 그러나 어머니는 그렇게 할 수 없었다.

"오죽 배가 고팠으면 그렇게 하겠느냐? 다 어려운 사람들인데 야박하게 대할 수 없지 않느냐?"

마음 약한 어머니는 장사 체질이 아니었다. 밑천까지 다 까먹고 말았다. 어머니는 우리에게 방 한 칸을 얻어주고 어린 막내 동생을 데리고 일자리를 얻어 홀로 경기도 문산으로 떠나셨다. 어머니가 떠난 집은 황량한 들판과 같았다.

눈을 못 감은 한 맺힌 어머니

불쌍한 어머니! 나는 어머니의 짐을 덜어주고 싶었다. 동생들을 맡아보니 더욱 어머니가 안쓰러웠다. 어머니가 그동안 지고 있었던 짐의 무게를 느낄 수 있었다.

사탕공장에서 사탕을 싸는 일을 했다. 받는 돈은 너무도 초라했다. 공장장은 내 일손이 느리다고 그만 나오라고 했다. 이웃에 사는 아줌마가 동생들을 돌보고 있는 나를 가엾게 여겨 나를 메리야스 공장에 취직을 시켜 주었다. 내복에 단추를 다는 단순한 일이었지만 나는 매우 서툴렀다. 단추 구멍에 넣어야 할 바늘이 내 손을 찔렀다. 이런 일을 해서 무슨 돈을 벌겠는가 싶었다.

어머니는 매달 오셔서 우리들의 학비와 생활비를 주고 가셨다. 나는 어머니의 손을 보았다. 피부는 거칠었고 삶이 무척 힘들어보였다. 그처럼 험한 일을 하지 않고 살았던 분이 아니던가. 우리들 때문에 모진 목숨을 지탱하고 계신 모습이 역력했다. 어머니기 때문에 자녀에 대한 희망의 끈을 놓을 수 없었던 것이다.

나를 잘 아는 분이 잘 사는 집 아이의 숙제를 도울 수 있겠느냐고 물었다. 지금으로 말하면 가정교사를 하는 일이다. 그분은 내가 학교에서 공부를 잘한다는 소문을 듣고 있었던 것 같았다. 그 일을 하고부터 어머니의 짐을 조금이라도 덜어드릴 수 있게 되었다. 희망을 잃지 않고 있으면 기회는 항상 있었다. 아버지가 세상을 뜨시고 3년이 지났을 때였다.

어머니는 전부터 자주 머리가 아프다고 하면서 약방에서 뇌신을 사다 드셨다. 뇌신이라는 약은 봉지에 들어있는 약 가루로 당시에 약방에서 쉽게 구할 수 있었다. 머리가 아플 때 먹으면 효과가 매우 빨랐다. 어느 날 문산에서 아는 분이 나를 찾아왔다. 그날 청천벽력과 같은 소리를 들었다.

어머니가 쓰러지셨다는 것이다. 말도 못하고 그저 누워만 있다는 것이다. 내 눈앞에서 하늘이 무너져 내렸다. 갑자기 세상은 캄캄하게 변했다. 다리에 힘이 풀리고 나도 모르게 주저앉고 말았다. 돌아가신 아버지가 생각났다. 어머니도 그렇게 아버지처럼 허망하게 가는 것인가.

앞으로 어떻게 동생들과 살아가나 눈앞이 캄캄하고 가슴이 미어졌다. 눈물이 왈칵 쏟아져 내렸다. 눈도 뜰 수 없이 울면서 문산 가는 버스에 올랐다. 조급한 마음에선지 왜 그렇게 버스가 느린지 몰랐다. 어머니는 이미 운명하여 차가운 시신으로 누워 있었다. 나는 눈물을 주체할 수 없었다. 얼마나 한이 많았는지 한 쪽 눈을 감지 못하고 계셨다. 나는 간신히 쓸어 눈을 감겨 드렸다. 그 순간 나는 그동안 맺혔던 한과 슬픔이 통곡으로 쏟아져 나왔다.

자식들을 위해 모진 목숨을 이어간 어머니, 내가 빨리 자리를 잡아 어머니의 한 서린 마음을 풀어주고 싶었고 어머니의 거친 손을 붙잡아 주려 했는데…

사랑하는 자식들을 위하여 오로지 돈을 벌겠다고 외딴 곳에서 고생하신 어머니.

"불효를 용서해 주세요. 어머니 앞에 죄인이 바로 저예요. 내 나이 스물이 되도록 어머니를 편히 모시지 못한 불효한 자식이예요."

어머니 시신을 붙들고 몸부림치는 나를 아무도 말리지 못했다. 내가 지금 어머니를 위해서 무엇을 할 수 있단 말인가. 한 맺힌 가슴을 눈물로 씻을 수 있을까마는 통곡 외에는 아무 것도 할 수 없었다. 의사 자격증이 없는 사람이 와서 어머니에게 주사를 놓고 간 후부터 상태가 이상해서 이웃 사람이 경찰을 불러왔다고 한다.

당시에는 돈이 없는 사람은 아파도 의사의 진료를 받지 못하는 시대였다. 그래서 가난한 사람들은 의사 행세를 하는 사람이라면 누구에게나 붙들고 도움을 청했다. 그런 사람들이 과연 병을 고칠 수 있을까마는 '물에 빠진 사람 지푸라기라도 붙든다.'는 말처럼 돌팔이라도 붙잡아야만 했었다. 수많은 사람들이 목숨이 위태로워 병원에 가도 병원에서 받아 주지 않아 울면서 돌아오는 시대였다.

"돈 없으면 죽어야지. 이 야박한 세상!"

하면서 가난을 한탄하면서 죽어가는 자녀를 안고 돌아오는 이 땅의 어머니들이 부지기수였다. 경찰에 붙잡혀 간 가짜 의사도 불쌍했다. 그에게 아내와 어린 두 자녀가 있다고 한다. 어려운 시대에 먹고 살기 위해서 한 일로 한 생명의 목숨을 앗아갔지만 불쌍하기는 매마찬가지였다. 그의 아내가 트랜스 라디오 한 대를 들고 나를 찾아왔다. 당시에는 문산 같은 시골에서는 라디오를 가진 집이 별로 없었다. 그 여자는 울면서 나에게 통사정을 하였다.

제발 살려달라고 빌었다. 그때 나는 다섯 살짜리 내 막내 동생을 생각했다. 불쌍한 그의 자녀들을 위해서 어쩔 수 없었다. 나는 경찰서에 가서 고소하지 않을 테니 그 사람을 풀어달라고 했다. 마흔 두 살의 어머니는 이렇게 세상을 뜨셨다. 아버지가 가실 때의 나이였다. 자식들을 위하는 마음이 얼마나 애타서 병이 들었을까?

늘 한숨만 푹푹 쉬었던 어머니, 자식들을 잘 먹이지도 못하고 공부도 시키지 못하는 안타까움이 한이 되어 가슴앓이가 되었으리라.

그때 내 나이 스무 살, 어떻게 하면 어머니를 편안하게 해 드릴까, 궁리하고 있었다. 어머니는 자녀들을 먹이는 일 보다 공부를 제대로 시키지 못하는 것을 더 힘들어 하셨다.

"어머니, 걱정 마세요. 우리도 잘 사는 날이 올 거예요. 공부도 마음껏 할 수 있게 될 거예요."

나는 늘 어머니를 안심시켜 드리려고 애를 썼지만 어머니는 자식들에 대한 미안한 마음을 가슴속에 담고 있다가 병이 들었던 것이다. 나는 인생의 황혼을 맞이하는 나이가 되도록 어머니의 깊은 마음과 한 많은 삶의 여정을 잊지 못하고 있다.

그래서 나는 늘 '어머니의 사랑'을 깊이 음미하게 된다.

사람의 마음속엔 한 가지 소원,
어머니의 마음속엔 오직 한 가지
아낌없이 일생을 자식 위하여
살과 뼈를 깎아서 바치는 마음
인간의 그 무엇이 거룩하리요
어머니의 사랑은 지극하여라

그때의 심정은 나도 어머니를 따라 죽고 싶었다. 그러나 울고만 있을 수 없는 것은 고만고만한 어린 동생들이 나만 바라보고 있었던 것이다. 다섯 살짜리 막내를 비롯하여 넷이나 되는 철없는 동생들…

우선 장례를 치러야 했다. 동네 사람들이 나에게 힘이 되어 주었다. 그들은 내가 해야 할 일들을 친절하게 일러 주었다. 겨우 차비만 마련하여 왔던 처지여서 그분들에게 미안하여 낯을 들 수 없었다. 그 동네에서 나이가 드신 분이 관을 짜주었고, 공동묘지 한 귀퉁이에 터를 잡아 주었다. 세상에는 이토록 인정이 있는 사람이 있다. 그래서 매정한 세상이라고 절망하기 보다는 희망이라는 환상을 가지고 사는가 보다. 어머니가 쓰시던 물건들을 정리하여 동네 사람들에게 나누어 주고 그동안 어머니와 함께 지냈던 막내를 데리고 서울로 올라왔다.

형제와 동거함이 어찌지 그리 아름다운지

그때 나는 미용실 보조 일을 하고 있었다. 내 벌이로

우리 다섯 남매가 함께 살아갈 방세를 댈 수 없었다. 헤어져서 사는 방법을 택하지 않을 수 없었다. 방을 얻을 때까지는…

나는 동생들을 불러 앉혔다.

"우리 당분간 헤어져 살아야겠구나. 조금만 참아라. 당분간이다. 응? 금세 방세를 마련할 테니…"

내 동생들에게 희망을 주는 것보다 더 큰 위로가 없었다. 마침 고아원 보모로 일하는 친구가 있었다. 남동생 하나를 고아원에 넣어 달라고 부탁했다. 내 사정을 누구보다 잘 아는 친구는 염려하지 말라고 하며 받아 줄 수 있다고 했다.

"누나가 돈을 빨리 벌어 방을 얻으면 너를 꼭 데리러 올 테니 여기 누나 친구 말 잘 듣고 있어."

어머니의 품에서 사랑을 듬뿍 받아야 할 어린 나이에 고아처럼 버려지는 것 같아 내 마음이 사무쳐 왔다. 누나에게서 떨어지지 않으려고 울면서 붙잡는 조그만 손을 억지로 떼고 나오는데 가슴이 찢어지는 것 같았다. 안쓰럽고, 애잔하고, 사랑스럽고…
어머니의 심정이 바로 그런 것이었을까?

나는 하늘을 향해 울부짖었다.

"아버지, 어디 계세요? 어머니, 어디 계세요? 힘들어요, 너무나도 서러워요."

전에 아버지가 살아계실 때, 자신의 죽음을 예견한 듯 나에게 이런 말씀을 하셨다.

"선희야, 너는 우리 집 장녀다. 부모가 안 계시면 네가 동생들을 돌봐야 해! 우리 광산 김씨는 양반이란다. 평양에 선조의 묘지가 17대 손까지 있다. 없어도 당당하게 사는 것이 양반이란다. 힘들고 어려워도 내색해서도 안 되고 남의 신세를 절대로 저서는 안 된다.
배가 고파도 누가 밥 먹으라고 하면 먹었다고 해. 너에게 무엇이나 두 개가 있다면 나누어주고, 서로 화목하게 지내야 한다."

"그래. 슬퍼도 슬픈 기색을 내서는 안 돼. 없어도 없는 기색을 내서는 안 돼. 마음을 단단히 먹어야 돼. 어린 동생들이 있잖아. 내 동생들에게 용기를 주려면 내가 먼저 당당한 모습을 보여줘야 해."

나는 그날부터 달라졌다. 사랑하는 내 동생들과 헤어져 살아야만 하는 운명은 너무도 가혹했지만 다시 함께 모여 살기 위해서 나는 초인의 힘을 발휘해야 했다. 일 년이 지났다.

그동안 돈을 저축하여 그렇게도 보고 싶었던 동생들을 데려올 수 있었다. 동대문 근처 달동네 꼭대기에 방 한 칸을 얻었다. 동생들을 나란히 뉘어놓고 나는 가슴이 벅차서 잠을 이룰 수 없었다. 누워 자는 동생들을 하나하나 품에 안아보았다. 꿈을 꾸는 것 같았다. 떨어져 살지 않는 것만도 행복이었다.

미용사 보조 일이 내 적성에 마음에 들고 안 드는 것이 문제가 아니었다. 어린 동생들과 함께 살기 위해서는 다른 길이 없었다. 하지만 동생들과 함께 사는 것이 정말 힘에 부쳤다. 그 월급으로 살기가 팍팍했다. 다행히 손님들이 준 팁이 많은 도움이 되었다. 작은 동생이 따로 대구에서 일하고 있어서 간간히 돈을 부쳐주기도 했다. 동생들의 학비가 들어갈 때는 더 염려가 많았다. 그럴 때마다 나는 하나님께 기도했다. 쓰실 것을 아시는 주님의 손길이 필요하다고.

사랑스럽고 대견스러운 동생들

대구에서 따로 살면서 일하는 여동생에게서 편지가 왔다. 우리가 서울에서 함께 모여 살집을 구한 후에 살림도구도 필요하고 쓸 데가 많을 것이라고 제 딴에 생각하고 주인집에서 빚을 내서 돈을 보냈다고 한다. 월급에서 조금씩 까면 몇 달 안에 다 갚을 수 있다고 계산하고 있었던 것이다. 그러다가 월급을 더 준다는 일자리가 생겨서 옮기려고 하니 그 주인이 빌려준 돈에 이자에 또 이자를 붙여서 그 돈을 다 내놓고 나가라고 한다는 것이었다.

대견스러운 동생이었지만 너무도 불쌍했다. 답장을 쓰는데 흐르는 눈물을 주체할 수 없었다. 우선 걱정하지 말라고 썼다. 동생들 학비에 쓰려고 몇 달 전부터 아끼고 아껴 모아둔 돈이 있다고, 다 찾아서 너한테 곧 내려가겠다고. 그리고 내가 일하는 미용실 주인에게 대구에 내려갔다고 오겠다고 했더니 결근하면 하루 일당은 빼겠다고 한다.

그래도 좋다고 하고는 돈을 찾아 도시락 통에 넣고 신문지로 싸고, 다시 헌옷으로 싸고, 보자기에 또 싸서 야간 완행열차를 타고 갔다. 피곤하여 눈꺼풀이 감기는데 자면 그 돈을 누가 훔쳐 갈까봐 조금 졸다가도 또 깨어서 손에 꼭 묶어놓은 보자기를 만져 보았다. 그래도 안심이 잘 안되었지만 대구에 도착해서야 마음을 놓았다. 동생에게 돈을 전달하고 헤어질 때, 우리는 서로 끌어안고 울었다.

나는 동생에게 희망을 주고 싶었다. 누구도 지나간 과거를 바꿀 수는 없어도 우리의 미래는 바꿀 수 있다는 것을…

"경희야, 나는 네가 자랑스럽다. 언니에게 네가 희망을 주는구나. 우리 둘이서 동생들 뒷바라지를 잘 해보자. 언젠가 우리가 다 같이 잘 사는 날이 올 것이니 힘을 내라."

"언니, 걱정 마! 다 잘 될 거야. 울지 마! 언니가 고생하고 있는 것 다 알아. 마음도 몸도 아프지 마!"

동생들이 나를 의지한다는 것보다 오히려 나는 동생을 의지하며 살았다. 멀리 떨어져 있어도 우리는 언제나 마음은 함께 있었다.

"두 사람이 한 사람보다 나음은 그들이 수고함으로 좋은 상을 얻을 것임이라. 혹시 그들이 넘어지면 하나가 그 동무를 붙들어 일으키려니와"(전 4:9~10)

기차 창문으로 내다보는데 하염없이 눈물이 흘러 내렸다. 연신 훌쩍 대면서 동생이 보이지 않을 때까지 손을 흔들었다. 하지만 희망을 떠올렸다. 잘 사는 날이 오게 되리라는 희망을…

어느 날 하루 일과를 끝내고 배추 한 포기를 사려고 시장에 들렀다. 배추 가게 옆에 수북이 쌓인 잎사귀가 눈에 띄었다.

"아주머니, 이게 뭐예요?"
"배추 시래기들이야."

잠시 머뭇거리다가 가져가도 되느냐고 물었다.

"마음대로 가져가. 어차피 버린 것이니까."

나는 몇 번씩이나 머리를 조아리며 감사를 드리고 시래기를 새끼줄에 묶어 머리에 이고 버스를 비집어 탔다.

"이 시래기로 김치를 담그고, 송송 썰어 수제비에 넣어 먹으면 얼마나 배가 부를까?"

배가 고파 뱃가죽이 붙어버린 동생들이 배가 불룩해질 것을 생각하면서 걸음을 재촉했다. 집에 와보니 막내여동생이 수제비를 끓일 냄비에 멸치 몇 마리를 넣고 물을 끓이다가 잠이 들어 있었다. 이제나 저제나 언니 오기를 기다리다가 부뚜막 앞에 구푸리고 그냥 잠이 들었던 모양이다. 동생을 깨워 손을 잡아 일으켰다. 손등이 터져 피가 나 있었다.

언니가 되어 챙기지 못한 것이 마음이 아프고 한 편으로 미안했다.

"언니가 다음에 돈이 생기면 꼭 크림을 사다 줄께."

"언니, 괜찮아."

여동생은 싱긋 웃었다. 참 좋은 성격을 가진 아이였다. 이 막내가 부엌일을 도맡다시피 하였다. 나는 음식을 만들면서 너무 즐거워 신바람이 났다.

"오늘 말이야. 언니가 횡재를 만났단다."

남들이 먹을 수 없어 버린 시래기가 우리에게는 횡재였다. 동생은 배추와 시래기를 보면서 삼사일은 먹을 수 있을 것 같다고 좋아했다. 자고 있는 동생들도 다 깨웠다. 우리는 밥상에 둘러 앉아 감사기도를 드렸다. 오늘 하루를 보호하고 지켜주신 하나님께 감사하고, 맛있는 수제비를 먹을 수 있게 해 주셔서 감사하며 수제비를 먹었다.

배를 불린 후에 보니 양동이에 물이 동나고 없었다. 남동생이 물을 길러 갔다가 사람들이 너무 많아서 그냥 왔다고 한다.

그렇다고 야단을 칠 수 없었다. 저녁 11시가 넘었지만 나는 물지게를 지고 동네 공동우물로 갔다. 물을 양쪽 통에 가득 채우긴 했지만 물지게를 지는 기술도 부족하고 체중보다 무거워 균형을 잡을 수가 없어 물은 이리저리 출렁거렸다. 집에 도착하여 보니 물은 반통으로 줄어 있었다. 얼마나 약이 오르던지 울고 싶었다.

이를 본 남동생이 미안한 모양이다.

"누나, 내일부터는 내가 물을 길어올 테니 누나는 가지마!"

그래도 남자라고 힘든 일은 제가 하겠다고 나서는 것이 기특했다. 그 외에도 이 동생은 제법 가정에서 남자다운 면모를 보여 주곤 했다. 날이 더운 여름날이면 아이스 케키 장사를 해서 나를 도와주었다. 어느 때는 팔고 남은 아이스 케키를 집으로 가져와 나누어 주었다. 팔다 남으면 녹아서 팔 수 없다는 것이다.

그런 날은 우리 형제들이 모여 파티를 하는 날이다. 그 후에 배추 파는 아주머니와 만나 얘기를 나눌 기회가 있었다. 얌전한 아가씨가 고생한다고 하면서 나를 많이 도와주셨다. 내가 가면 시래기 외에 싱싱한 파와 무도 주셨다. 어떤 때에는 보자기가 모자라면 새끼줄로 싸는 것까지도 도와주곤 했다.

"이렇게 싱싱한 것들은 팔아야지요. 이런 귀한 것을 제가 어떻게 받아요."

콧등이 시큰해지며 눈물이 볼을 타고 흘러내렸다.
채소 가게 아주머니는 나를 안아 주시면서

"힘내! 동생들이 있잖아. 좋은 날이 올 거야!"

하며 위로해 주셨다. 그분의 눈에도 눈물이 그렁그렁 고여 있었다. 헤어졌던 가족들이 다시 모여 함께 둘러 앉아 먹는다는 것보다 더 행복한 일이 어디 있을까? 전쟁과 재해로 소중한 가족들을 잃어버린 슬픔들을 가슴에 파묻고 어떻게 살아갈 수 있을까?

그래서 집을 떠났다가 돌아온 탕자가 아버지에게는 그토록 사랑스럽고 고마울 수밖에 없다는 것을 지금도 나는 날마다 깨달으며 살고 있다. 명절이 되면 부모님이 더 그리워졌다. 내가 그토록 보고 싶은 아버지, 어머니를 내 동생들이라고 예외일 수 없었을 것이다.

나보다 더 했으면 더 했지 엄마 아빠가 보고 싶어 가슴으로 울고 있었을 것이다. 하지만 내 동생들은 누나 앞에서, 언니 앞에서 내색을 하지 않았다. 동생들은 내 마음을 헤아려 주고 있었다.

그 만큼 자랐던 것이다. 추석을 맞이했을 때, 동생들을 즐겁게 해 주고 싶었다. 나는 어느 새 그들의 엄마가 되어 있었다. 전에 어머니는 집에서 일하는 사람들을 시켜서 떡 방앗간에 떡을 주문했는데 지금의 나는 너무나도 궁핍했다. 골목을 지나가다가 상을 펴놓고 송편을 파는 것을 보았다.

나와 내 동생이 한 개씩은 맛을 봐야 하니까 적어도 다섯 개는 있어야 했다. 다섯 개만 사겠다는 말이 입에서 떨어지지 않았지만 사정사정하여 송편 다섯 개를 봉지에 담았다. 과일도 있어야겠다. 사과 하나, 배 하나, 감 하나씩을 사들고 발걸음을 재촉하는 나의 마음은 하늘을 나는 것 같았다. 상은 초라하기 짝이 없었어도 둘러앉은 동생들이 즐거워하는 모습을 보니 여기가 천국인 듯싶었다.

우리는 하나였다. 기쁨도 설움도 함께였다. 서로서로 믿어 주었다. 마음이 풍성하고 따뜻한 추석이었다. 건강하게 자라준 동생들이 고마웠고 지켜주신 하나님이 너무도 고마웠다.

"살아가노라면 비바람도 몰아쳐오겠지. 절대로 흔들리지 않을 거야. 이 아이들을 위해서 나는 무슨 일이든지 다 할 수 있어!"

어느 날 늦은 시간에 집에 돌아오니 여동생이 부엌에서 웅크리고 앉아 있었다. 나를 보자 어쩔 줄을 몰라 했다. 연탄집게를 아무리 찾아봐도 보이지 않아 제 때에 연탄을 갈지 못해 불이 꺼졌다는 것이다. 그날 어쩔 수 없이 새 집게를 하나 샀는데 얼마 지나서 또 보이지 않았다. 여동생이 울먹거렸다.

"아침에도 분명히 있었는데…"

나는 아무래도 이상하여 막내 남동생을 빤히 쳐다보았다. 눈을 돌리는 아이를 다그쳤다.

"어떻게 된 거냐? 바른 대로 말해!"

내 기세에 눌린 아이는 겁에 질려 기어들어가는 목소리로 이실직고 했다.

"누나, 잘못했어. 낮에 말이야. 엿장수가 지나가면서 '엿사려 엿사려.'하는데 어찌나 침이 꼴깍거리든지 참을 수 없어 연탄집게 갖다 주고 엿하고 바꿔먹었어. 누나, 다시는 안 그럴게…"

그리고 아이는 '앙'하고 울음을 터트리고 말았다. 나도 아이를 붙들고 울어버렸다. 어린 아이가 무슨 죄가 있겠는가?

다 내 탓이었다. 이 남동생이 초등학교에 갓 입학했던 어느 날, 흥분한 얼굴로 집으로 뛰어오더니 자랑을 늘어놓았다. 그 당시는 점심을 싸갖고 오지 못하는 아이들을 위해 배급을 주는 시절이었다.

마침 몇 아이들이 결석을 했는데 그들에게 돌아갈 점심을 선생님이 동생에게 집에 다 가져가라고 했단다. 동생은 자기 몫은 학교에서 먹고, 나머지는 책가방 사이 덧신 넣은 곳에 넣어가지고 왔다. 옥수수 빵이었다. 아이는 자기가 한 일이 대견한 듯, 형제들에게 반 씩 반 씩 나눠 주었다. 나는 괜찮다고 했더니,

"아니야! 큰 누나도 먹어야 해."

하면서 손에 쥐어 주었다. 나도 반쪽을 받아 입에 넣고 씹는데 어찌나 맛이 있던지… 그러나 나의 마음의 강에서는 쉴 새 없이 눈물이 흐르고 있었다.

희망을 위하여, 독일을 향하여

우리 형제들은 눈물 젖은 빵을 먹으면서도 서로 사랑했다.

눈물이 흐르지 않는다면 삶은 황량한 사막 같을 것이다. 눈물이 있었기에 우리 형제들은 한 동아리가 되었고, 서로의 눈물을 씻어줄 수 있었다. 눈물이 있었기에 내 동생들의 마음이 아침 이슬처럼 깨끗하고 거짓 없는 삶을 살게 되었다고 나는 믿는다.

아랍 격언에 '태양이 늘 비치는 곳은 사막이 된다.'고 하지 않았던가! 그래서 예수님도 눈물을 흘리셨을까?

"예수께서 눈물을 흘리시더라."(요 11:35)

나는 이 말씀이 좋다. 눈물을 아시는 분이 나를 위로하실 수 있을 테니까… 나의 삶은 고난이었고 슬픔이었다. 그런데 나는 모르고 있었지만 하나님께서 나의 길을 예비하고 있었던 것이다. 광야와 같은 인생 여정에서 나를 훈련하고 계셨다.

" 지금은 몰라도 후에는 알리라."

이것은 혹독한 훈련 프로그램에서 끝까지 인내하고 고비를 넘긴 사람에게 주시는 하나님의 메시지였다. 나 같은 것이 무엇이라고 하나님께서 쓰실 계획을 하시고 선택했단 말인가. 하나님은 때가 되면 보여주시는 것이 있다.

그 전에는 결코 보이지 않는 것을 때가 되면 보게 하시는 것이다. 그것은 하나님의 비전이다. 비전은 보는 것이며, 비전은 하나님이 보여주시는 것을 나의 눈으로 보는 것이다. 하나님이 보여주신 조그만 신문 광고, 하나님은 그 순간 나의 눈을 뜨게 해 주셨다. 그것은 지금까지 살아왔던 것과는 전혀 다른 세계였다.

그것은 나의 삶을 전면적으로 변화시킬 어떤 계기와 같은 것이었다. 이제 동생들도 웬만큼 자랐다. 그들에게도 희망을 줄 수 있고, 나에게도 지금까지와는 다른 희망이 필요했다. 하나님은 보게 하시는 분이었다. '이제 시간이 되었다'고 하시고, 나의 눈을 열어 꼭 봐야 할 것을 보게 하신 것이다. 비록 초라한 단칸방이었지만 형제들과 함께 4년 동안 살게 하신 후였다.

하나님의 시간표에 따라 때가 찬 것이다. 하나님은 사랑이시니 누구를 더 사랑하고 덜 사랑하는 것은 아닐 것이다. 그러나 각 개인에 따라 특별한 계획을 가지신다. 독일에 파견할 보조 간호사 모집 광고는 나의 지경을 넓히실 하나님의 첫 조치였던 것이다. 25살의 나이, 하나님께서는 그의 계획안에서 나를 독일로 보내셨다. 1972년 5월 10일! 사랑하는 동생들과 작별인사를 하는 날이었다.

"내가 독일로 가서 병원에서 열심히 일해서 돈을 벌어 너희들의 생활비와 학비를 보내주마."

이것이 동생들에게 한 나의 약속이었다. 3년 근무기간 동안 내 몸을 불살라 이 약속을 지키자고 각오하고 있었다. 공항까지 동생들이 나갈 차비가 없었으므로 집에서 하나하나 껴안으며 작별 인사를 할 수밖에 없었다.

닭똥 같은 눈물이 떨어지는 동생들의 볼은 나의 눈물과 뒤범벅이 되었다. 다른 사람들은 모두 다 가족들이 공항까지 나와 전송을 했지만 나는 홀로였다. 하나님께서는 나를 향한 또 다른 계획을 가지고 계셨다. 나는 그분의 뜻을 그때까지 감지하지 못하고 있었다.

"사람이 마음으로 자기의 길을 계획할지라도 그의 걸음을 인도하시는 이는 여호와시니라."(잠 16:9)

하나님께서 나의 걸음을 인도하시는 대로 나는 순종하여 따라갈 것이다.

"내가 생각한 것이 반드시 되며 내가 경영한 것을 반드시 이루리라."(사 14:24)고 말씀하신 분이 곧 여호와 하나님이 아니신가!

3
라인강의 기적이 내 삶에 일어나기를

다시는 울지 않고 환희와 감사만 있기를

곧 쾰른 공항에 도착할 시간이었다. 나는 비행기 창문으로 밖을 내다보았다. 눈부신 아침 햇살 아래 진초록 숲이 생명의 숨을 쉬고 있었다. 비행기를 타고 높은 곳에서 내려다보니 숲이 더 확연하게 보였다. 숲 사이로 고속도로가 뻗어나가고 있었고, 숲 속에는 도시가 있었다. 그로부터 몇 년 전에 우리나라 대통령이 비행기에서 이런 풍경을 보고나서 한국 땅에 그린벨트를 지정하고 고속도로를 건설했다는 얘기를 들었다.

독일의 숲과 고속도로는 우리 대통령의 부러움을 사기에 충분했을 것이다. 비행기가 하강할수록 높은 건물들과 사람들이 거주하는 집들이 보였다. 위에서 내려다본 지붕들은 황토빛깔과 진회색이었다. 커다란 숲속에 군데군데 터를 잡은 주택들, 그리고 넓은 숲들이 이어지고, 그 안에 구획을 이루고 있는 작은 숲에 싸인 집들…

초록색 숲과 황토 빛깔의 조화, 초록색 숲과 진회색 지붕 사이로 5월 아침의 강렬한 햇살이 빨려 들어가는듯한 느낌이었다. 날개 너머로 굽이치는 강이 흐르고 있었다. 라인 강이었다. 전쟁후 짧은 시간에 독일의 경제부흥을 가리켜 '라인 강의 기적'이라고 부른다. 이제 기적은 내 삶에도 필요하게 되었다. 비행기는 활주로를 향하여 하강하고 있었다.

나는 두 손을 모아 기도하기 시작했다. 하나님 앞에서 아뢰는 나의 소원은 '다시는 울지 않고 환희와 감사가 있는 삶'이었다. 하나님의 전능하신 오른 팔로 나를 사용해 달라는 기도와 같은 것을 할 수 없는 것이 나의 믿음의 분량이었던 것이다. 앞으로 몇 분 후면 이 땅 독일에서 기적 같은 삶이 펼쳐질 것이다. 나는 트랩을 내려오고 있었다. 그리고 나는 마지막 계단에서 심호흡을 했다.

이윽고 첫발을 내딛었다. 두려움과 설렘, 이것이 독일 땅을 내딛는 순간의 나의 첫 느낌이었다. 혹독한 광야를 지나서 요단강을 건너온 이스라엘 백성들의 마음이 그랬을까?

고난의 행군을 멈추고 젖과 꿀이 흐르는 비옥한 땅에서 자유와 평화 가운데서 정착하게 될 설렘, 가나안 정복전쟁에서 과연 살아남을

지 예측할 수 없는 두려움…

그러나 그때 나는 하나님께서 내 슬픔을 대신하여 내 입술에 찬송을 주시며, 나의 삶에 심으신 나무가 되어 그의 영광을 드러낼 수 있는 사람으로 만드실 하나님의 의중을 전혀 눈치 채지 못했다.

"무릇 시온에서 슬퍼하는 자에게 화관을 주어 그 재를 대신하며 기쁨의 기름으로 그 슬픔을 대신하며 찬송의 옷으로 그 근심을 대신하시고 그들이 의의 나무 곧 여호와께서 심으신 그 영광을 나타낼 자라 일컬음을 받게 하려 하심이라."(사 61:3)

한국 간호사 기숙사 - 코리아 하우스

함께 같은 비행기를 탔던 일행들은 뒤스부르크로 가고 나 혼자만 비텐으로 가게 되었다. 공항에는 나를 맞이할 차가 대기하고 있었다. 간호원장 비서가 영어로 무엇인가 설명을 하는데 대충은 이런 내용이었다. 간호 원장이 바쁜 일이 생겨서 비서가 대신 나왔다는 것이며, 두 시간 쯤 자동차로 달리면 비텐 크랑켄 하우스에 도착한다는 것이다.

"자동차로 두 시간 거리라면 참 멀리서도 나왔구나!"

그들의 의무였겠지만 나 하나를 위해 먼 길을 달려온 것이 고마웠다. 또한 친절은 의무가 아닌 데도 나를 세심하게 배려해 주었다. 내가 일하면서 지낼 곳을 코리아하우스라고 불렀다. 한국인 간호사들이 사는 깨끗하고 잘 정돈된 기숙사였다. 기숙사 건물 안으로 들어갔을 때 독일 여자 둘이 청소를 하고 있었다.

안내원은 지정된 내 방으로 인도해 주면서 며칠간 푹 쉬라고 했다. 비행기에서 보다 공항에서 그곳까지 오는 시간이 더 피곤했다. 방에 들어가자마자 나는 깜짝 놀랐다. 책상 위에는 예쁜 꽃병에 튤립이 꽂혀 있었고, 한쪽에 놓인 양푼에는 쌀이 담겨 있었다. 누군지는 몰라도 처음 온 나에게 친절한 배려를 해준 것이다.

눈물이 날 정도로 고마웠다. 알라스카에서 비행기가 프로펠러 이상으로 하루 동안 멈추게 되었을 때 승객들은 호텔로 안내되었는데 거기서 주는 음식이 내 입에 맞지 않았다. 생전 처음 보는 이름도 알 수 없는 진귀한 음식들이 준비되어 있었다. 그만 탈이 났고, 독일에 도착할 때까지도 배는 쓰리고 거북했다. 하지만 나는 참고 잠을 청했다.

얼마나 잤을까?

나는 잠에서 깨어나 방문을 열었다. 그때 그곳에 기숙하는 한국 간호사들이 찾아왔다. 진심으로 나를 반가워했다. 그들은 무엇보다 한국에 관한 소식을 듣고 싶어 했다. 나는 한국의 근황을 간단하게 전해 주었고, 그들은 나에게 이곳의 병원 이야기를 들려주었다. 하루밖에 지나지 않았지만 벌써부터 동생들이 그리워졌다.

무엇보다 내가 잘 도착했다는 소식을 전하고 싶었다. 하지만 당시에는 집집마다 전화가 있지 않을 때였다. 나는 동생들에게 편지를 쓰기로 했다. 조흥은행에 구좌를 열어 두었으니 매달 정한 날에 송금할 테니 은행에 가서 돈을 찾아 쓰라고 당부했다. 한국에 있을 때, 이미 일러주었어도 마음이 놓이지 않아 또 일러 주었다.

이것이 언니이며 누나의 마음이다. 초기 독일 생활에서 동생들의 음성이 듣고 싶어 견딜 수 없었다. 그래서 공중전화기에 5마르크짜리 동전을 넣고 대화를 시작하는데 왜 그렇게 빨리 돈이 통속으로 떨어지는지…

당시에 5마르크는 나에게 적지 않는 돈이었다. 그렇지만 동생들의 안부를 듣고 싶으면 전화를 쓰지 않을 수 없었다.

그러나 몇 마디 못한 채 동전이 땡그랑 하고 떨어지는 소리에 내 간이 떨어지는 것만 같았다. 전화통이 너무도 원망스러워 손으로 전화통을 치기도 했다. 또 통화를 하면서 훌쩍 거리며 울다가 목이 메어 서로 말을 잇지 못하였다.

그러다가 아쉬움도 채우지 못하고 전화가 끊어지는 경우도 많았다. 그럴 때마다 애간장이 녹았다. 하지만 동생들의 목소리를 듣는 날이면 행복했다. 내가 독일에 보조 간호사로 온 목적이 이루어지고 있었으니 말이다. 몇 년이 지나 한국의 동생들이 사는 곳에도 전화를 놓았다.

궂은일도 마다하지 않는 한국 간호사들

커피 타임은 오전에 15분이었다. 수간호사는 그 시간을 알려주었다. 독일어를 잘 몰라도 손목시계를 가리키며 커피 마시는 시늉을 하면 이해할 수 있었다. 15분 동안 기숙사 내 방에 가서 물을 끓여 커피를 타마시고 간호사실로 돌아오기에는 무리였다. 뜨거운 커피를 식혀 몇 모금 마시고 곧장 달려간다.

아침에 조금만 늦어도 수간호사가 야단을 치므로 아침식사를 거르기도 하고 빵을 입속에 넣고 바삐 뛰어가기도 했다. 이렇게 눈 코 뜰 새 없이 바쁘게 보내다가 월말에 봉급을 탈 때면 모든 시름이 사라진다.

"내 동생들이 얼마나 기다릴까?"

이런 생각이 이르면 체력이 감당하지 못할 정도로 간호사 일이 힘겨웠지만 참고 견딜 수 있었다. 나뿐만 아니라 동료 한국 간호사들도 월급 타는 날은 그야말로 축제였다. 모두들 어려운 가정에서 태어나 나처럼 가족들을 돌봐야 할 처지에 있는 사람들이었다. 사랑하는 가족들을 위해 이를 악물어야만 했다. 한국 간호사들끼리 모일 때마다 일이 힘들다고 털어놓으면서 우리는 서로를 위로하고 있었다.

이국에서 서로 통하는 사람들이 없다면 얼마나 고독하고 삭막할까? 우리는 서로의 가족들의 사정을 다 알고 있었다. 형제자매들이 몇 인지, 부모의 나이는 어떻게 되는지, 왜 이곳까지 왔는지...

저마다 사정들이 있었다. 하지만 때로는 옛날이야기에 나오는 당나귀처럼 팔려나왔다는 생각을 한다는 것이다.

우리는 외국에서 서로 간에 의지대가 되었고, 친자매들처럼 슬프고 아픈 심정을 달래주었다. 한국에 있는 가족들에게 급히 돈이 필요한 경우가 생기면 네 돈 내 돈 가리지 않고 융통해 주었다. 처음에 근무한 병동에서 4개월이 지난 후에 중환자 병동으로 옮겨 갔다. 심하게 앓고 있는 여러 종류의 환자들이 있었다.

거기에는 내과 · 외과 · 비뇨기과 · 산부인과가 있었다. 클리닉마다 병명이 다른 환자들에게 필요한 처방은 실로 다양했다. 나는 긴장을 놓지 않고 있었다. 특히 심장병 환자에게는 더 조심을 했다. 간호사에게 약장에 넣어둔 약을 신속하게 찾는 것은 중요한 일이었다.

긴급할 때는 필요한 약이 어느 약장에 들어있는지 찾느라고 허둥대고 있었다. 그래서 나는 약 이름을 일일이 종이에 적어 약장에 알파벳 순서대로 붙여 놓았다. 주위의 찬사가 이만저만이 아니었다. 내가 생각해도 아이디어는 기발했다.

나는 날마다 새로운 일들을 배우면서 환자 앞에서는 백의의 천사가 되어 갔으며, 의학 지식도 늘어갔다.

하나님은 왜 나를 독일로 보내셨을까?

나 같은 보잘것 없는 여자를 무엇에 쓰실 계획이실까?

하나님께서는 조건 없이 나를 택했음이 분명하다. 그렇지 않고서는 나는 하나님 앞에 설 수 있는 자격이란 눈곱만큼도 없으니 말이다. 하나님의 은혜가 한량이 없다는 것을 이해할만 하다.

하나님께서 목동이었던 다윗을 택하여 이스라엘의 목자로 삼으셨던 것처럼, 의학이라고는 아무 것도 모르는 나를 은혜로 불러 독일에 보내시고, 환자를 돌보는 간호사로 만드신 뜻이 분명히 있을 것이다. 지금 생각해 보면 광야에서 연단과정을 거친 후에 사람의 영혼을 돌보시려 했던 것이다.

그렇다. 나를 광야를 내몰았던 분은 하나님이셨다. 요셉을 이집트로 쫓겨 보내신 분도 하나님이셨다. 이것은 결국 사람들을 구원하는 일을 위해서 하나님이 들어 쓰시는 방법이었다. 하지만 능력의 하나님이 도와주지 않는다면 아무 일도 할 수 없는 것이 인간이다.

"사람으로는 할 수 없으되 하나님으로는 그렇지 아니하니 하나님으로서는 다 하실 수 있느니라." (막 10:27)

하나님께서는 친히 선택한 사람들을 홀로 두지 않으신다. 환난 가운데서, 위경 가운데서 하나님은 늘 그들과 함께 계신다. 항상 함께 하겠다는 것은 신실한 하나님의 약속이었다.(창 28:15)

먼 훗날 내 삶의 광야를 지나서야 비로소 깨닫게 되었다. 하나님이 나같이 천하고 연약한 사람을 선택하신 이유를...

"너 또 여호와의 손의 아름다운 관, 네 하나님의 손의 왕관이 될 것이라. 다시는 너를 버림받은 자라 부르지 아니하며 다시는 네 땅을 황무지라 부르지 아니하고 오직 너를 헵시바라 하며 네 땅을 쁄라라 하리니 이는 여호와께서 너를 기뻐하실 것이며 네 땅이 결혼한 것처럼 될 것임이라."(사 62:3~4)

'고난이 없으면 영광이 없다.' 는 말은 예수님처럼 죽기까지 복종하여 십자가 고난을 거쳐야만 하나님께서 높이신다는 뜻일 것이다. 나에게도 이런 고난을 통하여 얼마나 존귀하게 만들어 주실까?

고난의 터널을 통과하는 자에게는 하나님의 손의 아름다운 왕관이 되게 하신다니 그 기쁨을 헤아릴 수 없다. 한국 간호사들은 대체로 부지런하고 성실하다.

게다가 머리까지 좋아서 어떤 일에서든지 잘 대처해 나갔고, 또 용감성에서도 남달라 다른 민족들은 흉내도 내지 못할 정도이다. 그래서인지 병원에서도 한국간호사들의 인기가 좋았고, 환자들도 정성껏 보살펴 주는 것에 감명하여 답례로 초콜릿을 선물해 주기도 했다. 나는 몇 달 동안 환자로부터 선물로 받은 초콜릿을 모아 비싼 수수료를 내고 동생들에게 소포로 보냈다.

독일 초콜릿 맛을 보게 하고 싶었다. 한국에서는 외국에서 선물로 보낸 것들도 세금을 매겼다. 당시 서양 초콜릿은 사치품에 해당되었기 때문이다. 내 동생들이 초콜릿 값보다 더 많은 세금을 냈다는 말을 듣고 몹시 속이 상했다.

'배보다 배꼽이 더 크다.' 는 말을 이런 경우에 쓰는 것일까?

나는 하나님은 살아계신다는 믿음을 갖고 있었다. 비록 작은 믿음이었지만 작은 소리로 살아계신 하나님께 늘 기도하는 것이 습관이 되었다. 하나님께서 나의 기도를 들으신다는 것을 나는 믿고 있었다.

"그를 향하여 우리가 가진 바 담대함이 이것이니 그의 뜻대로 무엇을 구하면 들으심이라."(요일 5:14)

내가 마음을 다하여 동생들을 사랑하고 외국에서 번 돈으로 생활비와 학비를 대준다고 해서 아이들이 잘 될 수 있다는 보장이 없다. 하나님께서 지켜 주셔야만 내 동생들이 바르고 복된 길을 갈 수 있다고 믿는다.

"여호와께서 집을 세우지 아니하시면 세우는 자의 수고가 헛되며 여호와께서 성을 지키지 아니하시면 파수꾼의 깨어 있음이 헛되도다."(시 127:1)

나는 아버지가 살아생전에 나에게 당부한 것을 잊어본 적이 없었다. 장녀로서 동생들을 잘 보살피고 어떤 환경에서도 당당하게 살라고 하셨다. 나는 아버지의 기대에 어긋나지 않도록 장녀의 역할을 제대로 하고 싶었다.

"동생들을 잘 대해 줄 것이다. 먹고 싶은 것이 있으면 많이 먹여주고 공부만 잘 하면 대학교까지 보내 줄 것이다."

내 한 몸 희생하여 내 동생들이 행복할 수만 있다면 나는 그것으로 내 몫을 다하는 것이리라. 이담에 하늘나라에 가서 아버지를 만나면 나를 장한 딸이라고 얼마나 반가워하실까?

독일 병원에서 근무하는 우리 한국 간호사들은 환자를 정성껏 돌봐준다. 또 친절한 것도 남다르다. 그래서 다른 나라에서 온 사람들보다 훨씬 더 좋은 보수를 받았다. 독일의 어느 병원에서도 한국 간호사들은 환영을 받았다. 궂은일도 마다하지 않고 솔선하여 나섰다. 비록 나라가 어렵고 가난하여 외국에까지 나와서 일을 해야 했지만 타고난 강한 의지, 성실함과 근면함이 우리를 돋보이게 만들었다.

주일에만 근무하는 또 다른 일자리

독일에 온지 6개월 쯤 되었을 때, 나와 같은 병원에서 일하는 한국 간호사가 주말 휴일이면 다른 도시에 있는 병원에서 아우스힐페근무를 하고 왔다는 얘기를 들었다. 아우스힐페란 만 18세 이후, 일을 하여 스스로 돈을 벌어 쓰는 것을 말한다. 우리로 말하면 파트타임으로 일하는 것이다.

독일은 노동의 대가를 반드시 받을 수 있는 제도가 정착되어 있어서 물질 때문에 개인이 통감해야 하는 사회적 좌절감을 찾아볼 수 없게 만들고 있었다. 나는 일당을 많이 받는다는 말에 귀가 솔깃했다. 비록 독일어가 서툴긴 했지만 서로 간에 통할 수 있어서 그곳에서 일할 수 있는지 간호원장에게 전화를 걸어 물어보았다. 간호원장은 내가 어느 병원 소속인지 알고 있었다.

그러나 병원에 간호사가 모자라는 입장이고, 또 휴일에 자신의 근무처가 아닌 곳에서 일한다고 해서 법에 저촉되는 것이 아니므로 그 주간부터 당장 일을 시작할 수 있다고 답해 주었다. 주말마다 기차를 타고 그 병원으로 갔다. 주일에 온종일 그곳에서 일하고 월요일 아침에 돌아왔다. 그리고 잠간 쉰 후에 오후 근무에 들어갔다.

쉬어야 할 주말에 휴식이 없었다. 사흘간의 야간근무를 하고 돌아온 날부터 시작하여 닷새 동안은 평소의 근무처에서 일했으니 내 몸이 무쇠라도 견디기 어려웠다. 하지만 나는 한 푼이라도 돈을 더 벌지 않으면 안 되었다.

동생들 걱정으로 늘 마음의 짐을 지고 있었다. 아직 어린 동생들의 학비와 생활비 책임은 내 몫이었다. 어릴 때 어른들이 '몸이 천근만근'이라고 했던 말이 실감이 났다.

그래도 3일간의 야간근무를 하고 현찰로 일당을 받으면 몸에 쌓인 피로까지도 가시는 것이었다. 아직은 젊고 건강하니 감사했다. 가외의 일로 수입이 생기니 마음에 여유가 생겼다. 나 자신을 위해서 돈을 쓴다는 것은 상상할 수도 없었는데 나에게 꼭 필요한 것은 살 수 있게 되었다. 독일이라는 나라가 참 좋다.

부지런히 일하면 얼마든지 잘 살 수 있도록 사회 시스템이 잘 되어 있는 나라이다. 하나님을 믿고 사는 나라인데 왜 하나님께서 약속하신대로 복을 주시지 않겠는가?

독일은 일찍부터 사회복지 제도가 잘 되어 있었다. 그래서 세계 최초로 사회보장이 시작된 나라로 인정받고 있다. 독일의 사회복지는 기독교의 역할이 컸다고 한다. 교회와 국가가 함께 사회교육과 실천의 짐을 졌다.

가난한 사람들과 가난하지 않는 사람들의 장벽이 허물어져야 한다는 것이다. 거리에 버려지고 굶는 사람이 없어야 하고 아파서 치료를 받지 못하는 사람이 없어야 한다는 것이다. 누구에게나 안전의 사각지대가 없어야 한다는 것이다. 그래서 그들은 사회교육을 가리켜 '곤경에 처한 사람들을 돕는 교육'이라고 정의하고 있다.

사회적으로 소외된 수많은 사람들을 돕기 위해 디아콘 교육에 힘썼다. 독일어 디아콘은 우리의 '사회 복지사'에 해당한다. 디아콘은 영어로 디컨 즉 집사이며 디커니스는 원로 여 집사로서 우리나라 교회의 권사에 해당한다.

모두가 다 '섬기는 자' 라는 뜻이다. 독일에서는 사회 복지사란 섬기는 자를 말하고 있는 것이다. 사도행전에 나오는 집사들은 교회에서 구제하는 일을 맡고 있었다. 구제라는 말은 단순히 가난한 사람을 도아주는 것만을 의미하는 것이 아니다. 넓은 의미에서 곤란한 상황과 위기 속에 처해 있는 사람들에게 계획적이고 지속적인 관심과 도움을 주는 것을 의미한다.

성경에서 '하나님은 고아의 아버지시며 과부의 재판장' (시 68:5) 이라고 하시고, 그 사역에 성실한 자에게는 상을 베푸신다고 약속하셨다.

"너희 중에 분깃이나 기업이 없는 레위인과 네 성중에 거류하는 객과 및 고아와 과부들이 와서 먹고 배부르게 하라. 그리하면 네 하나님 여호와께서 네 손으로 하는 범사에 네게 복을 주시리라."(신 14:29)

독일인들은 하나님의 말씀에 기초하여 복지정책을 세워나갔다.

가난한 사람과 과부와 고아에게 복음이 전파되어야 한다는 것이 우선이었다. 그러면서 교회는 내적선교 운동을 펼쳤다. 내적 선교라는 것은 지역주민이 교회에 가지 않으면 교회가 그들을 찾아가야 한다는 개념이다. 하나님께서 나에게 믿음의 나라 독일에 보내신 이유를 조금은 알 것 같았다. 그의 경영은 기묘하며 지혜는 광대하므로…(사 28:29)

3년 계약이 얼마 남지 않았던 부활절에 나는 로마에 있었다. 생전 처음으로 내 돈을 내고 유럽 7개국을 여행하는 중이었다. 오드리 햅번 주연의 '로마의 휴일'에 나오는 트레비 분수에도 가보았다. 내가 역사에 관하여 잘 알지는 못하지만 가는 곳마다 역사의 숨결을 느낄 수 있었다. 독일로 온 한국 광부 출신이 여행사를 차려 유럽 7개국 여행 패키지를 운영한다는 말을 들었다.

가만히 생각해 보았다. 3년의 임기가 끝나면 한국으로 돌아갈지 모르는데 그 전에 유럽을 볼 수 있는 기회라는 생각에 이르렀다.
한국에 들어가면 내가 무슨 수로 유럽여행을 할 수 있겠는가?

비용 마련은 어렵지 않을 것 같았다. 우리는 일 년에 4주간의 정규 휴가가 있었다.

그 기간 동안 다른 지역에 있는 병원에서 가외로 일하는 보수로 여행비는 충당할 수 있었다. 처음 출발 때부터 돌아올 때까지 버스로 다니는 여행이어서 많이 불편했지만 내 일생에 추억거리가 만들어졌다. 이 같은 기회를 주신 하나님께 감사를 드렸다.

함께 일해요, 보수도 더 올려 줄테니

3년 계약 기간을 끝내고 나는 다른 도시로 근무처를 옮길 생각을 하고 있었다.

"왜 직장을 옮기려 하지요? 이곳에서 일하면서 불편한 점이라도 있어요?"

옮기려는 이유가 무엇인지 서무과 담당자가 물었다. 나에게 일이 힘들다거나 환경이 좋지 않다는 이유 같은 것은 없었다. 담당자는 나를 만류했다.

"당신 같은 한국 사람들이 우리에게 필요해요. 한국 사람들은 아무 불평도 없이 독일 간호사들보다 갑절로 일한다는 것을 우리는 알고 있어요. 함께 일해요. 제발 가지 마세요. 보수도 더 올려줄 테니…."

간호사가 많이 모자라다고 솔직하게 얘기하면서 한국인 간호사들과 함께 일하고 싶다고 한다. 그러면서 휴가를 주지 못한 기간을 일당으로 환산하여 지급하겠다고 한다. 필요 없으니 나가라는 말을 듣는다면 얼마나 비참할까?

성실하게 일을 잘 하니 붙잡고 싶다고, 보수도 올려주고 손이 모자라 휴가를 주지 못한 것도 보상해 주겠다면 얼마나 좋은 평판인가. 서무과에서는 휴가 날들을 환산하여 돈을 내 구좌로 보내주었다.

내 앞에 나타난 파란 눈의 청년

내가 3년 동안 근무했던 비텐 병원을 떠나야 할 무렵 뒤스부르크에 있는 간호사 친구 생일에 초대를 받았다. 그 초대가 내 인생의 전환점이 될 줄은 상상하지 못했다. 그 친구가 나에게 한 남자를 소개해 주었다.

바로 그가 지나온 생애보다 더 많은 시간들을 함께 보낼 반려자가 될 줄이야…

사람은 누구를 만나느냐에 따라 인생이 바꾸어진다. 그로부터 영향을 받든지, 내가 영향을 주든지 모든 것이 화합되어 새로운 삶을 개척해 나간다. 파란 색 눈에 훤칠한 키를 가진 청년, 그는 동독에서 서독으로 넘어 왔다고 한다.

일 년이 지난 후 동독과 서독 사이에 장벽이 쳐지고, 동독에 사는 가족들을 다시는 만나지 못할 운명에 처하게 되었다고 한다. 환경이나 형편이 비슷한 사람들끼리 만나야 행복하다고 한다. 내 가족들은 6.25 사변 중에 공산화 된 북한을 떠나 남으로 피난 나왔다. 그는 자유의 꿈을 품고 동독을 탈출하여 서독으로 왔다.

서독에 온 그는 홀로였다. 그의 가족들이 동독에 있어서 서로 오갈 수 없는 것처럼, 나 역시 소중한 가족들과 헤어져 있었다. 부모님은 세상을 뜨셨고, 나는 내 동생과 함께 더 나은 삶을 살아보겠다고 나 홀로 낯선 땅에서 낯선 사람들과 함께 지내고 있다. 독일 남자와 한국 여자의 만남은 그렇게 시작되었다. 처음에 누가 더 끌렸는지는 모르겠다.

하지만 주말이면 우리는 만나지 않는 날이 거의 없었다. 만나면 만날수록 마음에 들었다. 말수가 적은 것이 흠이면 흠이랄까, 예의 바르고 성실했으며 직장도 든든했다. 이런 사람이라면 함께 인생을 살아갈 수 있다는 확신이 생겼다. 나는 중대한 결심의 기로에 서게 되었다. 독일에서 쌓은 것들을 다 포기하고 사랑하는 동생들의 곁으로 돌아갈 것인가?

이 땅에 남아 독일인 남자와 결혼하여 독일 시민으로 살아갈 것인가? 사랑하는 동생들을 생각하면 당장 돌아가고 싶었다. 그러나 그 남자와 함께 걸을 때면 어느새 나는 그의 신부가 되어 있었다. 사람은 어느 길을 선택하느냐에 따라 인생이 달라진다.

"선택은 순간이지만 결과는 영원하다."

프랑스 혁명사라는 불후의 명작을 쓴 토마스 카알라일의 말이다. 순간의 선택으로 미래를 창조하다는 말일 것이다. 갈팡질팡하는 동안 시간은 흘러가고 있었다. 동생들과 의논해 보기로 했다. 마음을 단단히 먹고 전화기를 돌렸다. 나의 말을 들은 동생들은 기쁘게 승낙해 주었다.

"언니, 벌써 결혼할 나이가 지났어. 한국에 와서 언제 배우자를 만날 거야? 좋은 사람이 있으면 거기서 결혼하고 살아. 이젠 우리도 스스로 살아갈 수 있어. 동생들만 바라보고 애쓰다가 결혼도 못하면 어쩔 거야?"

"다들 잘 자라줘서 고맙구나!"

비록 고생은 말로 다 할 수 없어도 내 동생들은 세상에서 때 묻지 않고 자랐다. 결혼하여 독일에 머무는 것은 나의 선택이 아니었다. 그때까지 내 인생은 동생들의 선택에 매어 있었던 것이다. 만 스물아홉, 마침내 그가 살고 있는 집에서 약혼을 했다. 1975년이었다. 얼마 후 결혼을 했다.

그 당시에는 좀 늦은 감이 없지는 않았지만 요즘 결혼하는 여성에 비하면 그리 늦지 않은 것이다. 나는 결혼식 전에 3년 만기 생명보험을 타서 몽땅 한국의 동생들에게 보냈다. 앞으로 동생들을 도와주기가 쉽지 않을 것이라고 생각했기 때문이다.

후에 알게 되었지만 결혼식 비용이 만만치 않았던 것 같다. 축하객들을 위한 식사나 파티비용에 대해서는 나는 아무 준비도 하지 못했다. 독일의 전통과 관습을 이해하고 있지 못했기 때문이다.

남편은 나에게 한 마디 없이 다 처리했다. 참 너그러운 사람이었다. 지금까지 40여년을 함께 살아오면서 온유하고 남을 배려하는 그의 성품은 순금처럼 변하지 않았다.

슬픔의 마라가 아닌 기쁨의 나오미로

구약성경 룻기서에 나오는 나오미를 생각했다. 베들레헴에 극심한 기근이 닥쳐왔을 때, 살 길을 찾아 모압 지방으로 이주했던 나오미, 고향을 등지고 행복한 삶을 찾아 나섰다가 남편 잃고 사랑하는 두 아들까지 잃었다. 나오미의 인생은 슬픔 그 자체였다.

희망도 없이 슬픔의 세월을 보내고 있었던 나오미는 어느 날 기쁜 소식을 듣게 되었다. 하나님께서 베들레헴에 풍년을 주셨다는 것이다. 하나님의 축복이 회복된 곳이라면 자신의 망가진 인생도 회복될 수 있으리라고 생각했다. 이방 며느리 룻과 함께 고향에 돌아왔을 때 사람들은 수척해진 병색의 얼굴로 돌아온 나오미를 보았다.

"저게 나오미가 아니냐? 분명히 나오미 맞지?"

그때 나오미는 한숨을 내쉬며 말했다.

“나를 더 이상 나오미라 하지 말고 마라라고 불러 주시오.”

기쁨이라는 뜻, ‘나오미’라는 이름을 가졌지만 슬픔의 뜻을 가진 ‘마라’로 불러달라고 했다. 내 이름 역시 ‘마라’였다. 나는 나오미처럼 ‘기쁨’이라는 이름으로 세상에 태어났지만 동족상잔의 잔인한 전쟁을 겪었고, 그 후 아버지 어머니 두 분을 다 잃었다. 나에게 남은 것은 올망졸망 네 명의 동생들이었다.

그 때 내 이름은 슬픔으로 바뀌어졌다. 나오미는 이방인 며느리 룻과 함께 고향으로 돌아온 후, 며느리를 결혼시켰다. 보아스라고 부르는 잘 생긴 남자가 이방 여인 과부를 신부로 맞아 들였다. 그는 하나님을 경외하며 사람들로부터 좋은 평판을 듣는 신실한 청년이었다. 게다가 그 청년은 지방의 유지였으며 부자였다.

하나님이 하신 일이었다. 천하고 가난하며, 한번 결혼경력을 가진 과부에게 정통 유대인 미혼 청년 귀족이 장가를 간 것이다. 사람의 힘으로는 불가능한 결혼이었으나 그러나 하나님의 은혜로 마침내 그 둘 사이에 아들이 태어나 오벳이라고 이름 지었다.(룻 4:17)

오벳이란 '종이며 섬기는 자'이다. 오벳은 룻의 오벳이 아니라 나오미의 오벳이었다. 오벳은 노년에 나오미를 기쁘게 할 봉양자로 나오미를 위해서 하나님의 보냄을 받은 것이다.(룻 4:15)

마침내 나오미는 본래의 '기쁨'이라는 이름으로 회복되었다. 그의 삶이 역전된 것이다. 슬픔이 기쁨으로…

불행했던 이방 여인 룻은 사람들이 흠모하는 남편과 생명의 회복자로 태어난 오벳이라는 아들을 가진 당당한 여주인으로 역전되었다.

"아침 빛 같이 뚜렷하고 달 같이 아름답고 해 같이 맑고 깃발을 세운 군대 같이 당당한 여자가 누구인가?"(아 6:10)

나오미를 베들레헴으로 이끄신 분도 하나님이시며, 룻이 보아스를 만나게 해 주신 분도 하나님이시다. 미천한 나를 독일로 인도해 주신 분도 하나님이시며, 함께 미래를 열어갈 파란 눈의 한 남자를 만나게 하신 것도 하나님이시다.

"광야에서도 너희가 당하였거니와 사람이 자기의 아들을 안는 것 같이 너희의 하나님 여호와께서 너희가 걸어온 길에서 너희를 안으

사 이 곳까지 이르게 하셨느니라 하나."(신 1:31)

하나님의 손 그늘에 나를 숨기시고...

그분은 에벤에셀 하나님이셨다.(삼상 7:12) 삶의 광야 길에서 나를 안아 이곳까지 이르게 하신 분이…

하나님께서는 무엇을 위하여 나를 보호하실까?

그토록 오래 참으시면서 나의 삶에 개입하시는 이유가 무엇일까?

지금은 어느 것도 알 수가 없다. 하지만 하나님께서는 그의 때가 찰 때까지 기다리실 것이다. 곡식이 햇빛과 바람으로 익어가듯이 나를 영글게 만들고 계실 것이다.

앞으로 시간이 더 필요할지도 모른다. 하지만 긴 겨울의 인고(괴로움을 참고 견디어냄) 가 끝난 후 봄이 오면 순식간에 꽃들이 피기 시작하듯이 반드시 때가 올 것이다. 미지의 나의 미래가 궁금하다. 애벌레가 화려한 나비로 변신하듯 나를 새롭게 창조하실 하나님의 작품은 어떤 모습일까?

"내 입을 날카로운 칼 같이 만드시고 나를 그의 손 그늘에 숨기시며 나를 갈고 닦은 화살로 만드사 그의 화살 통에 감추시고."(사 49:2)

하나님께서는 나를 갈고 닦아 화살을 만드신다고 하신다. 고난과 역경을 도구로 삼아 화살을 만들어 감추어 두신다고 하신다. 화살은 전쟁에서 적을 무찌르고 사냥할 때 필요한 데, 내가 어떤 전쟁을 치러야 할까? 내가 화살로 쏘아야 할 사냥감은 어떤 것일까?

다윗을 자신의 손 그늘에 숨기신 하나님, 광야는 하나님께서 다윗을 갈고 닦아 예리한 화살을 만드는데 가장 적합한 곳이었다. 하나님은 그를 새롭게 만드시고, 어떤 역경에서도 굴하지 않는 용맹한 전사로 만드신 것이다.

그뿐인가?

그를 손 그늘에 숨기시고 그의 가슴 속에 고귀한 자질과 용맹, 그리고 감미로운 시의 씨를 심고 가꾸셨다. 앞으로 오실 그리스도가 다윗의 자손으로 불려 지는데 손색이 없는 고상한 영성을 준비시키셨다. 그렇기 때문에 그의 목숨이 풍전등화의 위기에 놓여 있을 때에도 그는 여전히 하나님을 의지하고 찬양할 수 있었던 것이다.

여호와는 나의 목자시니 내게 부족함이 없으리로다.
그가 나를 푸른 풀밭에 누이시며 쉴 만한 물가로 인도하시는도다
내가 사망의 음침한 골짜기로 다닐지라도
해를 두려워하지 않을 것은 주께서 나와 함께 하심이라
주의 지팡이와 막대기가 나를 안위하시나이다.
주께서 내 원수의 목전에서 내게 상을 차려 주시고
기름을 내 머리에 부으셨으니 내 잔이 넘치나이다. (시 23:1-5)

결혼 후 나는 신랑이 살고 있었던 뒤스부르크로 이주하여 시내 중심에 있는 성 빈센트 병원에서 근무했다. 뒤셀도르프에서 가까운 곳이었다. 거기에도 한국 간호사들이 있었고 얼마나 성실하게 일하는지 사람들로부터 신뢰를 받고 있었다. 결혼 일 년, 첫째 아들을 가졌을 때, 아주 힘들었다. 몸이 많이 쇠약해졌기 때문이다. 끄떡하면 입원하고 링거 주사를 꽂은 채 옴짝달싹 못할 때가 많았다.

의사는 절대 안정을 요구하면서 움직이는 것도 절제시켰다. 내가 할 수 있는 것은 기도였다. 나를 위한 기도가 아니라 아이가 건강하게 자라게 해달라는 기도였다. 마침내 첫째 아들이 태어났다.

살림을 하면서 아이 키우고 직장까지 다니므로 시간도 부족하고 몸도 힘들었다. 근무 시간을 많이 줄였다. 그사이에 둘째 아들이 태어났다. 이번에는 중환자실 근무로 바꾸었다.

한 주일에 이틀씩 10시간의 야간근무를 했다. '눈코 뜰 새 없다.'는 말은 나를 두고 말하는 것 같다. 한국에 있는 동생들의 형편도 점점 나아졌다. 간혹 일이 생기면 연락이 왔다. 돈이 필요한 일이라면 남편과 상의하여 지체 없이 송금했다. 40살이 되었을 때, 셋째 아들을 임신했다.

첫째, 둘째 아이를 가졌을 때는 거의 병원신세를 졌지만 배 안에 있는 셋째는 건강하게 잘 자라 주었다. 식구가 늘고 있었다. 바로 밑의 여동생의 딸을 이미 입양하여 공부를 시키고 있었으니 대가족이라고 할만하다. 넓은 집이 필요했지만 하나님께서 나에게 주신 사랑하는 아이들에게 각각 자기의 방을 나눠줄 수 있는 형편이 안 되었다.

우리 수입으로는 그만한 월세를 감당할 수 없었다. 나는 우리 아이들이 우리가 손수 지은 집에서 즐겁게 지내는 것을 상상했다.

내가 늘 기도한 대로 건강하고 대견스럽게 자란 모습도 상상했다. 그리고 훗날 그 아이들이 하나님께서 이 세상에 보내신 뜻대로 제 몫을 다 하리라고 믿었다. 나는 남편과 함께 우리가 살 집을 짓는 일을 상의했다. 남편도 직장을 가졌으니 우리는 맞벌이 부부였다. 씀씀이를 절약하고 몇 년 동안만 허리띠를 졸라매고 열심히 일하면 집을 가질 수 있으리라.

그렇게 하여 내 집 마련 건축 적금을 들기 시작하였다. 결혼한 지 14년 만에 꿈에 그리던 집을 짓기 시작했다. 막내가 태어나고 한 달 반이 되었을 때, 야간근무를 시작했다. 융자 받은 은행 빚을 매달 갚아나가면서 셋이나 되는 아이들을 키워야 했기 때문이다. 하루하루가 어떻게 지나고 있는지, 언제 해가 뜨고 언제 해가 지는지 조차 알지 못했다.

야간근무를 하고 아침에 돌아와서 두 아이를 학교에 보내고 나면 막내아들이 일찍 깨어 엄마 품으로 안겨온다. 야간근무를 하느라 꼬박 밤을 새우고 파김치가 되어 돌아오면 잠이 쏟아지는 데 편하게 쉴 수 있는 형편이 안 되었다. 고만고만한 세 아이들, 언제 어디서 무슨 사고를 칠지 모르는 조마조마한 마음, 세탁하는 일, 집안 청소와

식사 준비, 게다가 은행 가는 일도 만만치 않았다. 그날 그날 끝내지 않으면 겹겹이 쌓여 나를 점점 더 무겁게 짓누를 일들이었다. 세 아이를 기르는 주부로서 주 5일 근무에서 쌓이는 스트레스, 겹치는 피로, 높아가는 혈압, 살아간다는 것이 무거운 짐을 지고 험준한 산을 올라가는 모습이었다.

그렇다고 의사를 찾아갈 시간도 없었다. 사람의 몸은 무쇠 덩어리가 아니었다. 기계도 무리하게 사용하면 고장이 나는 법, 기계도 정기적으로 기름 치고 점검하고 약하고 낡은 부분을 손봐야 하는데, 나 역시 살아있는 기계로서 마모되어 가는 것은 어쩔 수 없는 일이었다. 어느 날 갑자기 어지러워지기 시작했다. 머리가 빙빙 도는 것 같았다. 그리고 쓰러지고 말았다.

4 내 안에 찾아오신 성령 하나님

요양원에서 만난 하나님의 메신저

내가 근무하는 병원에 입원했다. 하나님이 주신 몸을 내 것처럼 혹사한 결과였다. 정신을 차린 후에 갑자기 불안감이 엄습하고 있었다.

"아버지도 어머니도 꼭 같은 나이 마흔 둘에 세상을 뜨셨는데…."

지금 내 나이가 마흔 두 살이었던 것이다.

"아니야, 안 돼! 내 아이들은 어떻게 하고…"

나는 고개를 세차게 흔들었다. 아버지가 먼저 돌아가시고 3년 후에 어머니마저 가셨을 때 내가 맡아 길러야 할 동생들은 넷이나 되었다. 어머니가 가셨던 그 순간에도 지금의 나와 같은 생각이었을까?

사랑하는 아이들, 눈에 넣어도 아프지 않을 자식들을 두고 어머니는 다시는 돌아올 수 없는 곳으로 차마 떠날 수 없었을 것이다.

영원히 헤어지는 것이 너무도 슬퍼서, 마지막으로 보고 싶은 자녀들을 하나하나 껴안고 싶어서 눈을 감지 못했을 것이다. 혈압은 내려가지 않았다. 꼭 죽을 것 같은 생각이 더 들었다. 간호사란 죽어가는 것을 냉정하게 바라봐야 하는 직업이다. 병원에서 죽어가는 사람들이 생길 때마다 그들의 가족들과 함께 슬퍼하며 눈물을 흘려야 한다면 나의 눈물샘은 이미 말라버렸을 것이다.

병원에서 자주 죽음을 보지만 두려워하지 않았다. 그런데 내가 죽는다고 생각하니 그게 아니었다. 막내가 제일 불쌍했다. 이제 두 살, 어미 없이 자라야 할 아이를 생각하니 가슴이 미어졌다. 그리고 내가 죽는다면 소중한 내 가족들에게 너무도 미안하다. 나를 진실로 사랑해주는 남편, 그에게도 미안하다. 생명의 끈을 잡아야 한다는 생각에 이르렀을 때 나는 전능자 앞에 설 수밖에 없었다.

"하나님 아버지, 저는 지금 죽어서는 안돼요. 나를 살려주세요. 내 아이들을 위해서라도 살려주세요."

하루에도 똑같은 기도를 수 백 번씩이나 했다. 쉬지 말고 기도하라고 하셨으니 계속 매달릴 수밖에 없었다. 소중한 내 아이들, 사랑하는 남편의 곁에만 있을 수 있다면 무슨 약속이라도 할 수 있었다.

"하나님, 나를 살려주세요. 어디를 가든지 하나님은 살아계신다고 외치고 다닐게요."

이것이 내가 하나님께 드릴 수 있는 약속이었다. 가진 것이 없으니 드릴 것이 없고, 나를 살려주신 하나님을 전하고 다닐 수는 있을 것이다. 하나님께서 나의 약속을 신뢰해 줄 것으로 믿었다. 의사는 나에게 휴양소에서 쉬면서 안정을 취해야 한다고 권고했다. 나를 맑은 호수가 있는 청정한 휴양지로 보내 주었다.

마침 큰 시누이가 우리 집에 와서 아이들을 돌봐주겠다고 했다. 휴양소에서 등록절차를 밟고 있는데 거기에 한국인 여자가 한 사람 있었다. 그런데서 한국 사람을 만난다는 것은 기적이다. 나처럼 쉬기 위해 요양원에 등록하러 왔다고 한다. 서로 인사를 나누었는데 대뜸 나에게 예수를 믿느냐고 물었다. 정말 이외였다. 아직까지 한 번도 그런 질문을 내게 한 사람이 없었기 때문이다.

"나는 천주교 신자인데요."

나는 그런 질문이 귀찮다는 듯이 대답했다.

"그렇군요. 아파서 오셨지요? 걱정하지 마세요. 하나님께서 치료해주셔요. 예수님께서 채찍에 맞으시고, 십자가에 달리신 것은 우리를 낫게 하시려는 거예요. 예수님이 모두 다 짊어지고 가셨거든요. 이사야 53장을 잘 읽어 보세요. 그 말씀을 믿으면 깨끗이 치유될 거예요."

그녀의 말에 나는 강한 거부감을 느꼈다. 예수 믿으면 낫는다는데 왜 자기는 치료받으려고 여기까지 왔단 말인가?

그 자매는 등록을 마친 후 돌아갔다가 이틀 후에 온다고 했다. 그리고 내가 얼마동안 머무를 것인가를 묻고, 밥과 김치를 가져 올 테니 꼭 다시 만나자고 했다. 그날부터 그가 들려주었던 말이 나의 뇌리에서 떠나지 않았다.

"그가 채찍에 맞으므로 우리는 나음을 받았도다." 라는 말씀이.

그러면서 알 수 없는 기쁨이 내 속에서 피어오르고 있었다. 새벽이슬 사이로 피어오르는 안개처럼 자욱하게 소리도 없이…

무엇인가 내 안에서 변화가 일어나고 있었다.

"그가 채찍에 맞으므로…." 이 말씀이 나의 뇌 속에서 사라지지 않고 맴돌고 있었다.

이상하게도 나는 그 자매를 은근히 기다리고 있었다. 그가 무엇인가 엄청나게 기쁜 소식을 가져다 줄 것만 같았다. 다시 만나 그 자매가 가져온 음식을 나누면서 그의 얘기를 들었다.

" 내 이름은 김일지이고 퀼른 순복음 교회에 다니며 집사로 교회를 섬기고 있어요. 교회생활이 참 즐거워요."

그녀는 담임목사와 성도들을 자랑했다. 그리고 나에게 주님 믿고 의지하며 살라고 당부하면서 나를 위해서 계속 기도하겠다고 했다. 이국땅에서 나를 위해서 기도해 줄 사람이 생긴 것이다. 분명히 하나님이 나에게 보내신 사람이었다. 그 자매가 나를 처음 전도할 때는 내가 앞으로 하나님의 일을 하게 될 것이라는 것은 상상하지 못했을 것이다.

오늘의 나를 보면서 전도는 사람의 몫이며, 쓰시는 것은 하나님의 몫이라는 것을 깨닫게 된다. 우리가 무시로 전도해야 할 책임이 여기에 있을 것이다. 그 자매는 나에게 책 한권을 읽으라고 주었다. 최자실 목사가 쓴 '나는 할렐루야 아줌마였다'였다. 나는 그 책에 매료되어 울면서 읽었다. 최자실 목사가 어떻게 하나님의 부르심을 받고 권능 있는 주의 종이 되었는가를 알 수 있었다.

한 권의 책으로 나의 인생은 바뀌어졌다. 하나님께서는 최자실 목사를 통해 영광을 받으시기 위하여 권능의 여종으로 사용하셨는데 그는 어릴 적에는 무척이나 고생을 많이 하신 분이었다. 황해도 해주에서 태어나 일찍이 아버지를 여의고 어머니의 삯바느질로 남동생과 함께 근근이 살았으니 얼마나 궁핍하게 살았겠는가! 최자실이 유년시절에 예수를 믿게 된 연유를 읽고 감동이 되었다.

열두 살 때, 친구와 함께 당시에 유명한 부흥사 이성봉 목사의 성회에 갔다고 한다. 거기서 옆집에 살던 곰배팔이 아저씨가 이 목사님의 안수기도를 받고 기적적으로 낫는 것을 보았다. 그때 밤낮을 가리지 않고 머리가 아프다며 고생하고 있는 어머니를 생각했다. 어머니를 데려와 이성봉 목사의 안수기도를 받게 했더니 그 자리에서 나았다.

그때부터 최자실은 어머니와 함께 예수를 믿게 되었다. 최자실은 가난한 삶이 싫어 열심히 공부하여 평양 도립 간호학교에 들어갔다. 압록강 근처 신의주 도립병원에서 간호사로 근무를 시작하여 산부인과의 수간호원이 되었다. 가난에서 벗어나고 싶었던 최자실은 수당을 조금이라도 더 받을 수 있다면 남이 지원하지 않는 곳을 마다하지 않았다. 그 무렵 최자실은 신의주 제2교회에 다녔다. 당시 그 교회는 해방 후 서울 영락교회를 세운 한경직 목사가 담임이었다. 어느 정도 살만하게 된 최자실은 부유한 집의 똑똑한 남자를 중매로 만나 결혼했다. 해방 후 월남하여 서울에 정착하고 활발하게 사업을 했다. 그러나 최자실은 하나님을 멀리 떠난 삶을 살고 있었다.

여기서부터 가정에 우환이 일어났다. 어머니도 잃었고, 장녀를 사고로 잃었다. 게다가 남편으로부터 소박까지 맞고 사업도 무너졌다. 일련의 시련으로 그는 삶의 의지를 잃어버렸다고 한다. 모진 목숨 스스로 끊으려고 삼각산으로 올라갔다. 계곡에서 약봉지를 꺼내는 순간 갑자기 돌개바람이 불었다. 약봉지는 계곡에 흐르는 물에 떠내려가고 말았다. 굴을 찾아 들어갔다.

거기서 굶어죽을 생각이었다. 6일을 버티다가 고통을 견디지 못하고 산을 내려오다가 30년 전에 헤어졌던 친구를 만나게 되었다. 최자실은 친구에게 자초지종을 얘기했다.

"예수를 온전히 믿으려면 성령을 받아야 해!"

그러면서 마침 삼각산 너머에서 열린 부흥회에 최자실을 데려갔다.

그날 밤 집회의 강사는 이성봉 목사였다. 30년 전에 평양에서 어머니의 병을 치유해주신 목사였다. 하나님의 인도하심에 놀라서 입을 다물 수 없었다고 한다. 그날 밤 최자실에게 놀라운 역사가 일어났다. 성령께서 회개의 영을 불어넣어 주셨던 것이다. 그녀는 30년 전에 이성봉 목사를 만나 하나님의 말씀을 듣고 기적까지 체험했으나 그 은혜를 잊어버리고 살아온 삶을 회개하였다.

그날 밤 최자실에게 임한 성령께서 그녀에게 방언의 은사를 주셨다. 이성봉 목사는 최자실에게 신학공부를 하라고 권했다. 1956년 9월, 순복음 신학교에 입학하여 아들과 같은 20대 초반의 조용기라는 학생을 만났다. 조용기는 순복음 신학교 총학생회 회장이었다. 조용기는 그녀에게 총학생회 전도부장을 맡아달라고 했다.

그때부터 두 사람은 노방전도를 시작했다. 신학교를 졸업한 후, 조용기 전도사와 함께 최자실의 집 거실에서 다섯 명이 예배를 드리기 시작했다. 그 후 조용기 전도사는 최자실의 사위가 되었고, 최자실은 오늘날 세계 최대의 순복음 중앙교회를 이루는 초석이 되었다. 시련 중에 있는 나에게 최자실 목사의 이야기는 나에게 살아야 할 이유를 암시해주고 있었다.

그분이 소개하는 성령님은 능력의 하나님이셨다. 내가 휴양소에서 최자실 목사가 쓴 책을 읽게 된 것은 참으로 의미심장하다. 하나님은 제때에 맞게 사람을 보내기도 하시고, 필요한 환경을 만들기도 하신다.

눈물과 통곡으로 회개하다

요양원에 있는 동안 아침마다 성당에 갔다. 통곡하기도 하고 흐느끼기도 했다. 나는 마음이 슬픈 자가 되어 울지 않으면 견딜 수 없는 또 다른 한나였다.(삼상 1:10) 한나의 아픔이 나날이 깊어진 것처럼 나의 아픔도 깊어져갔다. 한나의 갈망이 깊어진 것처럼 나의 갈망도 깊어져갔다. 하나님께서 애절한 여인의 기도를 어찌 외면할 수 있으랴! 예수님도 십자가 앞에서 아버지께 통곡과 눈물로 기도하지 않으셨던가?

"그는 육체에 계실 때에 자기를 죽음에서 능히 구원하실 이에게 심한 통곡과 눈물로 간구와 소원을 올렸고 그의 경건하심으로 말미암아 들으심을 얻었느니라."(히 5:7)

죄 없으신 예수님이 우리 대신 받은 상처는 얼마나 크실까?

내가 아무리 운다고 해도 예수님에 비하면 우는 것이 아니다. 예수님의 눈물이 대양이라면 내 눈물은 조그만 물방울일 것이다. 뇌성마비로 고통하면서 주님의 넓고 귀한 사랑을 전하며 사는 송명희가 쓴 '내 주님과 내가'라는 고백의 시가 생각난다.

'내 주님과 내가'

내가 아무리 울었다 하여도
내 주님의 눈물에 비하면
나는 울지 아니 하였네
나는 울지 아니 하였네

내가 아무리 고통을 당했어도
내 주님의 고통에 비할 수가 없네
내가 지고 있는 십자가 아무리 무거워도
내 주님이 지신 십자가 생각하면
아무 것도 아니네

내주님 상처에 내 상처 묻으며
내주님 아프신 가슴에 내 아픔을 달래리라

내주님 십자가 나도 사랑하며
내주님 가시관을
나도 쓰리라 나도 쓰리라
내주님과 내가 죽고
내주님과 내가 살리라.

아기를 낳지 못해 원통하고 슬픈 여인, 한나를 긍휼히 여기셨던 주님께서 그의 애절한 눈물의 기도를 들으셨다. 하나님께서는 서러움을 오직 기도로 토해낸 한 여인의 마음을 위로하여 슬픔이 변하여 춤이 되게 해 주셨다.

"주께서 나의 슬픔이 변하여 내게 춤이 되게 하시며 나의 베옷을 벗기고 기쁨으로 띠 띠우셨나이다."(시 30:11)

나는 날마다 성당에 홀로 앉아 계속 울었다. 이때 최자실 목사에게 역사하셨던 성령님께서 나를 움직이기 시작하셨다. 회개가 터져 나왔다. 회개해야 할 것들이 눈앞에서 파노라마처럼 이어져갔다.

심지어 아주 오래 전에 빨간색 루즈를 입술에 바르고 온 여자를 흉보았던 것까지 낱낱이 회개했다. 남을 함부로 판단하는 것까지도 하나님 보시기에 큰 죄라는 것을 깨달았다.

세상 모든 사람들을 다 사랑하여 십자가에서 피를 흘리셨고, 나의 죄를 대속하기 위해서 그 험한 십자가를 졌다는 것이 깨달아졌다. 주님께서 대신하여 죽으실 만큼 내 죄가 그렇게 큰지 몰랐다. 오직 십자가 아래 나와야만 죄가 얼마나 무섭고 치명적인가를 깨달을 수 있었다. 이제 내 병을 고쳐달라는 기도보다 내 심령의 죄를 십자가의 보혈로 씻어달라는 기도로 바뀌었다.

"여호와여 주의 이름을 위하여 나를 살리시고 주의 의로 내 영혼을 환난에서 끌어내소서." (시 143:11)

하나님은 나를 치료해 주셨다. 나를 다시금 가정의 보금자리로 돌아오게 하셨다. 하나님께서 나를 요양원에 보내신 뜻이 있었다.
나의 감사와 찬양을 받으실 하나님이시다.

성령님의 부드러운 속삭임

어느 날 퀼른 순복음 교회 김일지 집사가 왔을 때, 교회에 가보고 싶다고 말했다. 마침 여름철이어서 야외예배를 드리는 주일이었다. 찬양을 부르자마자 내 눈에서 눈물이 시냇물처럼 흘러내렸다. 눈물은 멈추지 않았다. 눈물을 훔치고 또 훔치는 동안 어느 새 예배가 끝났다. 천주교가 아닌 곳에서 처음 드리는 예배였다. 그 집사의 집에 초대를 받았다. 남편과 아들이 기다리고 있었다.

넷이서 가정 예배를 드렸다. 예배가 끝났는데 내 손이 서로 떨어지지 않고 붙어 있으면서 갑자기 진동이 오기 시작했다. 소파에 앉은 내 몸이 올라갔다 내려갔다 했다. 영문을 알 수 없었다. 강력한 자석과 같은 어떤 힘에 의해 내 몸이 계속 아래위로 오르내렸다. 얼마 동안 이런 일이 계속되었는지 모른다.

그런데 내 마음에 평화가 깃들고 기쁨도 충만했다. 이런 감정을 어떻다고 형언할 수 없다. 성령 하나님의 역사를 체험한 것이다. 그 여집사는 이것이 거듭남의 증거라고 말해 주었다. 그날 밤, 성령께서 조용히 나를 부르셨다. 부드럽고 인자하신 아버지의 음성 같았다.

상한 심령으로 통곡했더니 하나님께서 나를 위로해 주신 것이다. 그날 밤의 성령체험, 그것은 내 인생이 뒤바뀌는 전조(어떤일이 널어나기 전에 나타나 보이는현상) 였다. 오순절 다락방에서처럼 생전 처음으로 성령이 임하는 체험을 한 것이다.

성령 하나님께서는 나에게 날마다 하나님의 말씀 성경을 읽으라고 하셨다. 성경을 읽을 때마다 말씀의 뜻을 깨닫게 해 주셨다. 성령님은 성경의 저자들에게 하나님의 말씀을 기록하도록 감동을 주시고, 읽는 자들이 깨닫게 하시는 분이었다.

성경 안에는 모든 것이 들어있었다. 능력도 지혜도 들어있었다. 성경을 읽기 시작하면 시간 가는 줄을 몰랐다. 말씀이 그토록 달콤한지 전에는 몰랐다.

'꿀과 꿀 송이보다 더 달도다.'(시 19:10)

라고 고백했던 다윗의 말을 이해할 수 있었다. 말씀을 읽고 기쁨이 충만한 나는 하나님을 찬양하지 않을 수 없었다. 일곱 달 만에 성경을 일독했다. 나에게 찾아오신 성령님은 놀랍고 부드러운 분이셨다.

성령이여 내 영혼을 충만하게 하소서
내 속에 강물이 넘쳐나게
성령이여 내 영혼을 충만하게 하소서
내 속에 강물이 넘쳐나게

채우소서
내 영혼이 세상 유혹 다 이기고
다시 주를 닮아가도록

채우소서
내 영혼이 세상 유혹 다 이기고
오직 주만 나타내도록

크고 은밀한 일을 네게 보이리라

기도에는 반드시 하나님의 응답이 있었다. 크고 작은 기도마다 낱낱이 응답하셨다. 밤에 기도하는 시간은 점점 길어졌다.

이때 하나님께서는 내가 앞으로 해야 할 사역들을 일러주셨다.

“일을 행하시는 여호와, 그것을 만들며 성취하시는 여호와, 그의 이름을 여호와라 하는 이가 이와 같이 이르시도다. 너는 내게 부르짖으라 내가 네게 응답하겠고 네가 알지 못하는 크고 은밀한 일을 네게 보이리라.”(렘 33:2~3)

내 편에서 순종하면 하나님 편에서는 비밀한 일을 열어 보여주실 것이다. 내가 독일에 간호사로 온 것은 하나님의 치밀한 뜻과 계획이 있었기 때문이다. 나 같이 못나고 나약하고 보잘것없는 사람을 택해주셨다는 것이 너무 감사하다.

“살아계신 성령님, 제가 무엇을 어떻게 해야 할지 아는게 없어요. 다만 순종하고 주님의 뜻을 따르겠어요.”

중보기도에 많은 시간을 보냈다. 다른 사람의 문제를 내 것처럼 끌어안고 감사하며 기도했다. 많은 체험을 했다. 모두가 다 신기한 체험들이었다. 이런 체험들을 다 기록하자면 수 천 페이지에 이를 것이다.

성령께서는 예수 그리스도에 관하여 많이 깨닫게 해 주셨다. 성령께는 이 문제가 가장 우선적이었을 것이다. 내가 온전히 그리스도를 알아야 다른 사람에게 전할 수 있을 테니까…

세상에는 훌륭한 능력과 뛰어난 인격을 갖추고, 사회적으로 원만한 인간관계를 맺고 살아가는 사람들이 얼마나 많은가!

그들이 그리스도를 모르고 살기 때문에 보잘것없는 인생을 사는 것이다. 만약 그들이 그리스도께 복종하고 삶을 온전히 그분에게 맡긴다면 얼마나 값진 인생을 살아갈까?

그리스도가 누구신지 알고 겸손하게 그 앞에 나아오면 주님께서 용납하시고 놀라운 축복을 쏟아 부어주시는데 모두가 다 그리스도가 누구인지 모르고 산다. 주님 앞에 있는 모습 그대로 나오면 탕자의 아버지처럼 아들이 지은 죄도 묻지 않으시고 기뻐 잔치를 베풀며 자녀의 모든 권리를 회복시켜 주시는데 주님을 모르고 살고 있다.

우리가 모르는 사람을 전혀 사랑할 수 없듯이 예수 그리스도가 누구신지 잘 알아야 예수님을 사랑할 수 있을 것이다. 신자로서 가장 아름다운 모습은 예수님을 사랑하는 것이다. 나는 늘 주님 앞에 고백한다.

"주님, 사랑합니다. 나를 위하여 십자가에 돌아가신 주님, 내가 주님을 사랑하지 않고는 살 수 없습니다."

영국의 시인 로버트 브라우닝은 이탈리아를 몹시 사랑하여 아내와 함께 그곳에 가서 15년이나 살았다고 한다. 그가 쓴 시에내 '마음을 열어보라. 그러면 그 안에 새겨진 이탈리아라는 이름을 보게 될 것이다.' 라는 귀절이 나온다. 그처럼 우리의 마음이 열려져 있다면 사람들이 우리 안에 새겨진 놀라우신 예수님의 이름을 보게 될 것이다.

나의 믿음 생활 초기에는 예수님이 나를 위해서 십자가에서 죽으시고 부활하시고 승천하신 것은 어느 정도 알고 있었다. 그러나 보혜사 성령님을 보내시겠다는 말씀은 정확하게 이해하지 못했다. 이제 알고 보니 성령님은 깨닫게 하시는 영이시다. 성령님은 그중에서 예수 그리스도를 더 잘 알고 깨닫기를 원하신다. 예수의 이름은 능력이고 권세이다.

하나님께서는 예수 외에 우리를 구원할 다른 이름을 주신 적이 없다고 하셨고(행 4:12), 무엇을 구하든지 예수님의 이름으로 기도할 때 응답하신다고 약속하셨다.(요 14:13)

나는 영적으로 눈이 뜨여지기 시작했다. 사물을 바라보는 관점이 달라졌다. 모든 환경과 사물을 예수님의 눈으로 보게 되니 세상 만물이 주님의 영광을 위해서 존재하고 있었다. 찬란하게 떠오르는 아침 햇살도 하나님의 장엄함을 드러내며, 애벌레가 형형 색깔의 화려한 나비가 되어 꽃들 사이를 날을 때도 하나님의 섬세하신 솜씨를 나타내며 영광을 돌린다. 이름 모를 길섶의 들풀들까지, 공중을 나는 새들에 이르기까지 창조주께 영광을 돌리고 있지 않는가?

바람결이 지휘자가 되어 풀과 나무들이 자신의 몸을 흔들며 흥얼거리면서 주님을 찬양하고 강물과 호수들이 철렁거리며 주님을 찬양하고 있다. 예수님을 알면 알수록 세상에 나가 그를 전하고 싶은 마음이 일어났다. 성경에 있는 말씀들이 다 사실이라는 것을 외치고 싶었다. 그게 내 안에 있는 진정한 소원이었다.

내 평생 소원 이것뿐 주의 일 하다가
이 세상 이별하는 날 주 앞에 가리라

나는 교회를 정하고 신앙생활을 하고 싶었다. 어떤 교회를 선택할지 몰라 기도하는데 성령께서 '너를 전도한 그 집사가 다니는 교회에 가라.'고 일러주셨다. 당시 퀼른 순복음 교회는 전호윤 목사가 담임하고 있었다. 주일 예배에서 설교는 꼭 나를 향해서 말씀하시는 것 같았다. 나는 말씀에 녹아져서 뜨거운 눈물을 흘렸다. 말씀을 듣게 되니 믿음이 성장했다. 믿음이 성장하니 기도하게 되고 전도하게 되었다. 그만큼 은혜를 사모하니 주님께서 은혜위에 은혜를 더해 주셨다. 있는 자에게 더 많이 주시는 하나님이셨다.

성경공부에도 열심히 참여했다. 말씀이 있는 자리는 축복의 자리였다. 담임목사는 우리 구역에 매주 한 번씩 와서 성경공부를 인도해 주었다. 그때 함께 성경공부를 한 사람들은 지금까지도 여전히 믿음생활을 잘 하고 있다. 김일지 집사는 나에게 주님의 사랑을 깨닫게 해준 분이다.

그의 주님 사랑은 전도로 연결되었다. 그 교회의 3분의 2는 그분이 전도한 신자들이라고 한다. 처음에 내가 교회가 멀어서 출석하기가 쉽지 않다는 것을 알고 그의 남편과 번갈아가며 나를 픽업해 주었다. 교회 방향으로 가는 고속도로는 사고가 빈번히 일어나는 길이었다. 내 남편은 고속도로가 위험하다고 나에게 운전을 못하게 한다. 홀아비로 남고 싶지 않다는 것이다.

그런데 김일지 집사 내외는 나 같은 죄인 한명의 생명을 위해서 자신들의 생명을 내걸었던 것이다. 결국 나는 김 집사를 만나므로 오늘 주님의 종으로 살게 된 것이다. 장로교회로 옮기기 전 만 5년 동안 순복음 교회에 출석했다. 집에서 가깝지 않는 거리였지만 눈이 오나 비가 오나 주님말씀 사모하여 고속도로를 질주하여 다녔다.

찬송 테이프를 들으면서 운전하다가 훌쩍 거리다가 콧물 눈물이 범벅이 된다. 한번은 다른 차선에 들어간 것도 몰랐다. 그래도 하나님은 항상 나의 운전대를 붙잡아 주셨다. 나를 거듭남의 길로 인도한 김일지 집사, 그는 먼저 하늘나라로 갔다. 김 집사는 주님으로부터 칭찬을 듣게 될 것이다. 나는 항상 그를 부러워했다.

전도에 대한 열정, 누구에게나 예수님의 마음으로 대하는 친절, 많은 시간을 드리는 기도 등 그는 진실로 주님의 충성된 일군이었다. 내가 그의 전도를 받음으로 하나님의 사역자가 되었다면 내가 전도한 사람들 가운데서 주님의 사역자들이 얼마나 많이 나올까?

성령께서 빙빙 도는 지구를 보여주시면서

어느 날 밤, 기도하고 있는데 성령의 음성이 들렸다.

"너의 두 손을 치켜 올려 나의 손을 잡아라."

성령께서 나의 작은 손을 꽉 붙잡으시고 내 눈 앞에 지구가 빙글빙글 돌아가는 모습을 보여 주시면서 나에게 물었다.

"선희야, 내 손을 이렇게 꽉 붙잡고 세계를 다니며 복음을 전하지 않겠니?"

나를 붙잡으신 성령님의 손을 놓칠까봐 조금은 겁이 났지만 성령께서 여전이 내 조그만 손을 붙잡고 계신다는 것을 느낄 수 있었다.

"어디든지 순종하고 따라갈 수 있어요. 주님!"

그리고 주님께서 보여주시는 지구를 다시금 바라보았다. 그때에는 무슨 의미인지 전혀 감을 잡지 못했다.

"주님, 저는 아무 것도 몰라요. 무엇을 어떻게 해야 할지 몰라요."

주님께 이렇게 고백을 드리면서 오직 순종하겠다는 마음뿐이었다. 주님께서 나를 제자로 삼아 사용하신다니 이 세상 끝까지라도 성령님을 붙잡고 따라다니며 복음을 전하고 싶었다. 주님께서 나를 쓰시겠다고 약속했을지라도 여전히 나는 기도에 힘쓰고 있었다. 기도를 하면 할수록 내가 더욱 겸손해지는 것을 느낄 수 있었다. 어린아이의 마음처럼 단순하고 순진해지는 것 같았다.

내가 변화되어가는 증거라고 생각했다. 하나님께서는 겸손한 자에게 큰 은혜를 주신다(약 4:6)고 하셨으니 일을 시키기 전에 먼저 겸손해지라고 하신 뜻임을 알 수 있었다. 왕이신 주님께서 겸손하여 초라한 나귀를 타시지 않았는가.(슥 9:9)

어느 날은 많은 시간동안 성령님과 대화를 나누었다. 성령께서는 항상 나에게 기적을 보여주셨다. 성령께서는 기도 가운데서 나와 교제하는 것을 기뻐하셨다. 그 시간은 너무나도 즐거웠다. 보다 더 많은 시간동안 영적인 교제를 가지고 싶었다.

어느 날은 참을 수 없는 기쁨이 나의 마음 가운데서 요동쳤다.

기쁨에는 눈물이 따르는 것일까?

기쁨에 겨워 흐르는 눈물이 그치지 않았다.

"주님, 고마워요. 고마워요."

나의 입에서 연신 터져 나오는 고백이었다. 주님은 나에게 새로운 환상을 보여 주셨다. 내가 앞으로 펼쳐야 할 일들을 현재의 시간에서 보고 있는 것이다. 내 눈앞에서 하나님의 천상의 세계가 열리고 있었다. 주님께서 어찌하여 하늘의 영광의 보좌를 내려놓고 세상에 오셨는지 확연히 알 수 있었다.

"주님, 사랑합니다. 주님을 위해서라면 하나밖에 없는 내 생명까지도 드리고 싶습니다."

예수 그리스도의 사랑이 내 안에 넘치니 나도 그 사랑에 저절로 화답이 되었다.

"나 같은 죄인 살리신 것도 고맙고 고마운데, 나같이 미련한 것도 만들어 쓰신다니, 주님의 뜻대로 하시옵소서."

그러면서 나는 이사야의 말씀을 묵상했다.

"내가 누구를 보내며 누가 우리를 위하여 갈꼬 하시니 그 때에 내

가 이르되 내가 여기 있나이다 나를 보내소서 하였더니."(사 6:8)

어디로 보내시든지 순종하고 싶었다. 순종하는 것이 하나님이 받으시는 제사이며 영광을 돌리라는 것이라면 예수님처럼 죽기까지 순종하고 싶었다. 지난날들을 생각해 보면 주님께 부끄럽기 짝이 없다.

내 고집대로 살아온 삶, 주님 없이 살아왔던 나날들, 아무 것도 내놓을 것이 없는데도 무엇이 그리도 잘났다고 내 멋대로 살아왔는지… 이런 생각에 이르자 가슴에 통증이 왔다. 회개하지 못한 응어리들이 나의 가슴을 헤집고 있었던 것이다. 통곡이 터져 나왔다.

아무도 말릴 수 없는 통곡이…

내가 눈물로 회개할 때, 가슴에 맺힌 죄의 응어리들이 풀어지는 것을 느낄 수 있었다. 이윽고 마음이 잔잔해지기 시작하고 평화가 임했다.

그러다가 마음 가운데서 기쁨이 샘물처럼 솟아오르더니 온 영혼의 핏줄을 따라 흐르고 있다는 것을 느꼈다. 그렇기 때문에 '내게 강

같은 평화가 넘치네.'라고 표현하는 것인가 보다. 무엇보다도 성령님은 하나 되게 하시는 분이었다. 성령께서는 회중 가운데 계셔서 마음과 마음이 하나 되게 하신다. 서로 만나서 믿음의 이야기를 하면 서로 마음이 연결되고 뜨거워지는 것이다. 어느 때는 전화통화를 하는데 상대방도 왜 이렇게 가슴이 뜨거워지고 기쁜지 모르겠다고 말하는 것을 들었다. 우리의 대화를 들으시고 기뻐하시는 성령님의 마음이 우리 안에 전달되기 때문이다.

기도는 하나님을 움직이고, 하나님은 우주 만물을 움직이신다

매일 아침 눈을 뜨면 가장 먼저 시작해야 할 일이 기도다. 기도를 진지하게 하려 해도 시간의 여유가 없었다. 아이들 때문에 너무나 바빴다. 나는 성령님께 여쭈었다. 나의 시간 중에서 어느 때가 가장 좋을지…

성령님께서는 막내가 유치원에 가고 나 홀로 있는 시간이 가장 적절한 기도 시간인 것을 알게 해 주셨다. 그 시간에는 외출도 자제했다. 믿는 사람이라면 누구나 기도는 중요하다고 생각하고 있다.

분명한 것은, 하나님을 움직이는 것은 기도이며, 하나님은 온 우주만물을 움직이신다는 사실이다. 이것만 굳게 믿는다면 기도를 방해하는 것들을 얼마든지 극복할 수 있을 것이다. 나는 부자 아버지를 모시고 살고 있다. 나의 아버지는 세상의 모든 것을 소유하고 계신다. 그리고 그 아버지께서는 그의 뜻을 이루기 위해 나에게 은혜를 베푸실 준비를 늘 하고 계신다. 나는 이런 자부심을 가지고 있다. 진정한 자유가 무엇인가 했더니 하나님의 쓰임 받는 삶이었다.

나에게 자유가 있다고 해서 마음대로 쓴다면 그 결과는 방종이 될 것이다. 내가 쓰임 받지 못한다면 내 자유는 아무 가치가 없는 것이다. 나의 진정한 자유는 하나님의 쓰임 받는 데에 있었다. 나는 연약한 사람이다. 독일에 살 길을 찾아 보조 간호사로 온 보잘 것 없는 여자였다. 간혹 이런 생각을 한다.

"하나님이 나같이 못난 사람도 사용하시는데 하나님이 누군들 못 사용하겠는가?"

신학교를 운영할 비용도 필요하고, 매달 선교지에 보낼 선교비가 필요하다. 인도 · 아프리카 가나 · 러시아 · 우크라이나에…

그 외에도 쓸 곳이 많다. 독일 사람들은 은퇴한 후에도 국가로부터 받은 연금으로 살아가는 데 그리 부족함이 없어 보인다. 하지만 나는 법을 잘 몰라 연금을 받지 못할 형편이었는데, 관계 당국에 진정을 내어 한 달에 유러 100달러쯤 받는다. 한국돈 십 몇 만원이다. 남편이 받은 연금으로 생활은 하고 있다. 무엇으로 선교를 할 수 있겠는가? 그래서 이렇게 기도한다.

"주님, 왜 제가 매달 선교지에 보낼 선교비 때문에 애를 써야 하지요? 이 일은 주님의 복음을 위한 것이 아닌가요?"

그런데 성령께서는 다른 말씀을 하지 않으신다. 성령님께서 아무것도 염려하지 말라고 위로 해주신다. 네가 해야 할 것은 기도이며 내가 할 것은 공급하는 일이라고 말씀하신다. 시간이 갈수록, 기도하면 할수록 주님을 더 의지하게 되는 것이 감사하다. 그 만큼 내 염려가 줄어드는 것이다.

기도하는 시간은 하나님을 의지하는 시간이다. 기도 시간이 부족한 만큼 내 염려가 늘어가는 것이었다. 성령님을 충만히 받고 난 후에 이전의 나는 점차로 사라지고 성령님의 마음에 드는 자로 빚어지고 있는 것을 느낄 수 있었다. 나는 키도 작고 체구도 작아 눈에 잘 띄지도 않는 사람이다. 더구나 동양 사람이다.

그렇지만 내 속에서 뜨겁게 일어나고 있는 복음의 열정을 억제할 수 없어 누구에게나 복음과 사랑을 나누어주지 않으면 견딜 수 없었다. 이런 모습을 보고 사람들은 나를 이상스럽게 여겼으리라. 하지만 그들도 나처럼 성령님을 만나기를 위해 간절히 기도했다.

그들 중에 성령님을 만나고 나를 이해해주는 사람이 생겨나기 시작하여 그들과 함께 모여 중보기도회를 만들어 함께 기도하고 있다. 나는 어려움을 만난 믿음의 형제・자매들을 위해 쉬지 않고 기도했다. 성도의 문제가 심각할 때면 아침 금식을 하면서 기도할 때 응답하셨다.

중보기도회에서 우리는 함께 기도한 후에 간증을 한다. 우리 집 3층에서 모여 기도하기도 하고, 크리스천 까페에서 함께 기도하는데 참으로 뜨겁다. 나는 독일에서 40년간 살면서 간호사 생활을 했던 덕분에 나는 그들을 간호하는 마음으로 함께 기도한다.

모두가 독일 사람들이다. 그들의 갈급함을 성령께서 채워주시고 치료해 주셨다. 중보기도회에 참가하는 사람들 가운데 경제적으로 넉넉한 사람은 드물다. 은퇴하여 연금을 받는 사람들, 특별한 직업을 가지고 있지 않으면서 일을 통해서 어려운 사람을 돕는 사람들이다. 함께 기도하다가 그들의 가난한 주머니를 털어 선교비를 만들고 신학생들을 돕는다. 성령님께서 그들의 가정을 회복시켜 주시고 지병을 치료해 주셨다.

그래서 우리 중보기도회에 나온 사람들은 항상 밝은 얼굴이며, 서로 포옹한다. 독일 교회는 국가가 관장하고 있어서 성직자들을 종교공무원이라고 부른다. 동성연애자들도 목사가 된다. 예배는 주일에 한번 드리고 냉랭하다. 그래서 사람들은 무엇인가 항상 갈증을 느끼고 있다. 내가 세운 실로암 교회 성도는 얼마 안 된다.

주일에 성도가 한 명도 모이지 않을 때도 있다. 알코올 중독자가 내 교인이다. 집시들도 있다. 이들은 한 곳에 거주하는 것을 거추장스럽게 여기고 자유롭게 살아간다. 하지만 그들에게도 복음이 필요하다. 그들도 성령을 받아 중보기도회에 나온다.

그리고 구원받은 은혜에 감사하여 전도하고 간증하고 있다. 자신이 쓸 것도 부족한데 아낌없이 내어놓는다. 건강하고 여유롭고 멋진 성도들이 많은 교회라면 더욱 좋을 것이다.

그러나 주님께서는 그런 교회를 통해서만 영광을 받으시지 않을 것이라고 생각한다. 아픈 사람들, 소외된 사람들, 불구자들에게 하나님의 말씀을 전하는 교회를 하나님께서 기뻐하시리라고 믿고 있다. 이런 사람들이 나의 중보기도의 대상들이다. 그들을 위해 나는 금식한다.

성경에 나오는 억울한 과부처럼 나도 끈질기게 기도한다. 끝장을 보겠다고 기도한다. 어떤 기도는 햇수를 거듭하기도 한다. 어떤 때는 "이것은 주님의 일인데 왜 응답하지 않습니까?"하면서 기도한다. 그러다보면 무엇인가 내가 잘못하고 있다는 것을 깨닫게 해주셨다.

내 자신의 유익을 위한 기도였다고 깨달으면서 하나님께서 기뻐하지 않으신다는 것을 알게 된다. 그때 나는 회개하고 십자가 보혈로 깨끗이 씻어달라고 기도하고 성결의 영을 부어주시기를 간구한다. 어떻게 기도하든 하나님께서 다 듣고 계셨다.

어떤 방법과 어떤 형식으로 기도를 해도 하나님은 다 듣고 계신다. "내 이름으로 무엇이든지 내게 구하면 내가 시행하리라."는 약속의 말씀을 의지하며 기도한다. 하나님께 간구하는 것이 치유든지, 재물이든지, 구원이든지, 하나님께서 응답하지 않는 것이 없다. 부르짖든지, 아니면 너무 힘들어 신음소리만 내도 하나님은 다 들어 주셨다. 필요한 물질도 공급해 주셨다. 마음의 평안도, 치유의 기도도 들어주셨다.

위급한 일은 위급한대로 긴급하게 관여해 주셨다. 인도에 신학교를 세운지 얼마 되지 않았을 때, 근처에 있는 모슬렘 사원에서 사람들이 쳐들어와서 신학교에서 난동을 부리고 있다는 소식을 들었다.

"환난 날에 나를 부르라 내가 너를 건지리니 네가 나를 영화롭게 하리라."(시 50:15)는 말씀이 생각났다.'

주님께 부르짖어 기도하고 있을 때, 성령님께서 신학교주위를 빙 둘러싸고 있는 수많은 천사들을 보여 주셨다. 천사들은 불화살을 팽팽하게 당기고 금방이라도 명령만 떨어지면 쏠 준비를 하고 있었다. 인도와 독일 사이는 세 시간 차이인데 시간과 공간을 초월하여 나는 선명하게 실제상황으로 보았다. 하나님은 나를 통하여 "측량할 수 없는 큰일을, 셀 수 없는 기이한 일"을 행하셨다.(욥 9:10)

이 조그만 지면에 하나님께서 나를 위해 행하신 일을 다 기록할 수 없다. 나에게 행하셨던 하나님의 기적들을 그의 모든 자녀들을 통해서도 하기 원하신다.

5 하나님의 때 카이로스

신학교에 왜 가지 않느냐?

내가 살고 있는 독일의 중부에 위치한 뒤스부르크는 수목의 도시이며 인공적으로 조성된 6개의 큰 호수가 있다. 이 지역은 한국 사람들에게도 낯익은 벚꽃나무, 너도밤나무, 느릅나무, 도토리나무도 있다. 한국의 나무들과 비슷하지만 훨씬 키가 크다.나는 뒤스부르크가 좋다. 그 호수들을 바라보고 있으면 마음에 안정감과 평화를 느낄 수 있고 마치 자연을 조성한 하나님의 품안에 있는것 같은 느낌을 받기도 한다.

그뿐 아니라 이곳은 내가 신혼의 꿈을 꾸었던 곳이며, 내 아이들이 나고 자란 곳이기 때문이다. 다른 곳은 다녀보지 못해서 잘 모르지만 이곳의 무성한 꽃과 나무들그리고 아름다운 호수들이 좋다. 한국처럼 봄에는 온갖 꽃들이 만발하고, 가을에는 형형색색의 단풍이 물든다.

내가 처음 독일에 왔을 때 근무한 곳은 비텐이었다. 그때는 병원 근무 외에는 신경을 쓸 여유조차 없었다. 셋째 아이를 낳은 후 과로로 쓰러져 휴양소에 가게 되었을 때, 비로소 여유를 가지고 남부지대의 무성한 삼림을 볼 수 있었다. 신혼살림을 시작한 뒤스부르크는 나에게 또 하나의 고향이었다. 계절마다 경치도 아름답고 무엇보다 고풍스럽다. 단풍진 가을 속에서 중세의 고풍들이 숨을 쉬는 곳이었다.

가을이 질 무렵 어느 날, 전혀 모르는 여자에게서 전화가 왔다.

"자매님, 하나님의 은혜를 그렇게 많이 받고서도 왜 신학교에 안 가세요?"

마치 시비를 걸어오는 말투였다. 앞뒤를 가리지 않고 돌진해오는 돈키호테 같지 않는가. 전화를 끊고 나서 나는 피식 웃었다.

"내 주제에 신학교는 무슨…"

나는 신학교에서 공부한다는 생각을 해 한 번도 해본 적이 없었다. 꿈에서까지도… 좀 이상한 여자라는 생각이 들었다. 그러나 그 말은 계속 나의 뇌 속에서 맴돌고 있었다.

"왜 그런 말을 내던진 걸까? 누가 시켰을까?"

아무리 생각해도 답이 없었다.

"그렇지, 하나님께 물어봐야지!"

나는 하나님께 물었다. 내가 신학교에 가는 것이 하나님의 계획인지, 왜 내가 신학공부를 해야 하는지, 왜 나처럼 바쁜 사람에게 공부하라고 하는지. 그때 하나님께서 이 말씀을 떠오르게 하셨다.

"내게 능력 주시는 자 안에서 내가 모든 것을 할 수 있느니라."
(빌 4:13)

그리고 성령님께서는 내 입을 열어 이 말씀을 계속 되풀이 하게 하셨다.

"성령님, 가르쳐 주세요. 이것이 하나님의 뜻이라면 지금부터 내가 어떤 식으로 공부해야 합니까?"

성령님께 부탁하고는 나에게 신학교에 안 가느냐고 다짜고짜 물었던 그 자매에게 전화를 걸었다.

"저번에는 부드럽게 대해 드리지 못해 죄송했어요. 신학교에 대해서 정보를 좀 알려 주세요."

그녀는 친절하게 입학절차에 대해서 알려주었다. 미국 교회가 독일에 세운 신학교였다. 그동안 하나님께서 나를 고난 가운데서 연단하신 것은 내가 신학공부를 할 만한 토양으로 만들고 계셨던 것이다. 이제 때가 되었을까?

전도서에서 하나님을 '때의 하나님'이라고 말하고 있다.

"천하에 범사가 기한이 있고 모든 목적이 이룰 때가 있나니."
(전 3:1)

파종할 때도 있고, 거둘 때가 있다. 거둘 시기에 심거나 심는 계절에 거두는 사람은 어리석을 것이다. 하나님께서 분명히 내 삶의 물줄기를 바꾸시려 하신다. 하나님께서 이미 나에게 '이제부터 네가 알지 못하는 은밀한 일을 보여겠다'고 하셨다. 이제 그 때가 온 것 같았다. 신약성경에서는 시간을 뜻하는 두 개의 단어들이 있다. 크로노스와 카이로스라고 하는데 크로노스는 흘러가는 시간을 말한다. 하루하루 또는 한해가 지나가는 연대기적 시간이다.

카이로스는 적절한 시간, 전략적인 시간을 나타내는데 그리스도께서 죽으신 때, 부활의 때와 같은 상황의 때를 말한다. 아브라함은 하나님께로부터 아내 사라를 통하여 아들을 보게 될 것이며 그의 후손이 하늘의 별들처럼 많게 될 것이라는 약속을 받았다. 그 이후로 아브라함은 24년 동안 믿음으로 인내하면서 흘러가는 크로노스 시간을 보냈다. 그리고 나서 하나님의 때가 이르렀을 때 그에게 나타나 아들을 낳게 될 것이라고 말씀하셨다.

"여호와께 능하지 못한 일이 있겠느냐 기한이 이를 때에 내가 네게로 돌아오리니 사라에게 아들이 있으리라."(창 18:14)

크로노스 시간이 흘러가는 과정에서 아브라함에게 약속하신 아들을 낳을 때, 즉 카이로스 시간이 온 것이다. 우리는 크로노스 시간을 진실하게 살면서 하나님의 카이로스 시간을 기다려야 한다. 그러면 우리를 향하신 하나님의 때, 카이로스 시간이 올 것이다.

카이로스 시간이 되면 우리는 전혀 다른 사람이 되는 것이다.
하나님께서 계획하신 때가 이르렀을까?
새 포도주를 새 부대에 담을 때가 왔을까?

그러나 나는 부족한 것이 너무도 많았다. 하나님의 말씀 가운데는 '이만하면 됐다.'라는 말은 없는 것 같다. 하지만 하나님은 나를 놀라게 할 만한 새로운 일을 하실 작정이셨다.

"보라 전에 예언한 일이 이미 이루어졌느니라 이제 내가 새 일을 알리노라 그 일이 시작되기 전에라도 너희에게 이르노라."(사 42:9)

하나님께서는 내가 가는 길을 다 알고 계셨다. 하나님의 타이밍은 절묘하다. 하나님의 단련을 통하여 우리를 쓸모 있는 깨끗한 그릇을 준비하는 것이다.

" 지저귀는 새는 어두운데서 노래하는 법을 배운다."

스코틀랜드의 성서학자 오스왈드 챔버즈의 말이다. 그는 이 어두운 곳을 가리켜 듣고 배우는 장소라고 설명한다. 하나님께서는 신학교라는 배움의 장소로 나를 보내어 철저하게 세계에 전할 그의 메시지를 배우게 하실 것이다.

한경직 목사는 한국 교회사에 빛나는 인물이라는 사실을 모르는 사람이 없을 것이다. 하나님께서 한국교회를 변화시킬 지도자로 그를 훈련시키기 위해서 평양 숭실대학에 입학시킨 일화가 있다. 1919년 기미년 3.1 만세 사건이 불길처럼 번져가던 해, 열여섯 살 된 청년 한경직은 한국 근대사를 이끌 수많은 인재를 길러낸 오산학교를 졸업하고 고향에 돌아와 부모님의 농사일을 돕고 있었다.

오산학교에 다닐 때 같은 반이었던 친구가 진남포에서 자기 형과 함께 무역과 운송업을 크게 하는데 사무원이 필요하니 오라는 편지를 보내왔다. 한경직은 그 회사에 들어가 아침부터 저녁까지 상품이 들어오고 나가는 것을 관리하는 일을 했다. 그러나 하나님께서는 그를 위하여 다른 길을 준비하고 계셨다. 평양 남산 모루교회가 운영하는 영성학교에서 교사를 구하는데 적임자로 한경직을 추천했다.

학교책임을 맡고 있는 장로는 그에게 상업에 종사하는 것 보다는 어지러운 세상에 학생을 가르치는 일이 더 중요하다고 권면했다. 한경직은 자신이 너무 어려서 감히 선생이 될 자격이 없다고 생각하면서도 주변의 권고에 순종하였다. 학교에 부임해보니 학생은 40 명인데 교사는 한경직 혼자였다. 경험도 부족하지만 최선을 다해 정성껏 가르쳤다.

후에 한경직 목사는 자신의 자서전에서 '영성학교에 나를 보내신 것은 하나님이 경륜이었다.'고 술회했다. 남산 모루는 평양과 가까운 곳이어서 평양을 방문할 기회가 자주 있었다. 그때마다 숭실대학 옆을 지나면서 공부를 계속하고 싶다는 열망을 품었다. 열망은 현실이 되었고, 마침내 평양 숭실대학에 입학하게 되었다. 그는 고학을 하며 학교에 다녔다.

당시에 사무엘 모펫 박사가 학장이었다. 미국에서 쟁쟁한 대학에서 박사학위를 취득한 선교사들이 교수를 하고 있었다. 한국 교수들도 거의 다 미국에 유학하고 돌아오신 분들이었다. 그의 형편으로 학교에 다닐 수 없었다. 입학금과 첫 학기 등록금은 어렵사리 변통해서 냈지만 다음 학기부터는 대책이 없었다. 오로지 하나님 한분밖에 의지할 데가 없었다.

돈을 벌 수 있는 일자리를 허락해 달라고 간절히 기도했더니 시골 교회를 순회 목회를 하는 방위량 목사의 비서자리가 생겼다. 문서작성을 하고 그것을 영어로 번역하여 교회에 발송하는 일과 교회 행정 업무를 담당했다. 방위량 목사를 만나게 된 것이 인연이 되어 미국 엠포리아 대학교에 전액 장학생으로 유학을 하게 되었다.

우리가 하나님께 의뢰하고 순종하면 하나님께서는 언제나 이렇게 길을 인도해 주신다. 엠포리아 대학교를 졸업한 후에 프린스턴 대학에서 입학하여 박사학위를 취득 하는동안 하나님은 그를 세심하게 보살펴 주셨다.

한국에 돌아가 목회를 하겠다고 순종한 그를 하나님께서 귀히 보시고 까마귀를 보내어 엘리야를 먹여 주신 것처럼 필요할 때마다 그에게 돕는 자를 붙여주셨던 것이다. 하나님께서 나에게 신학공부를 하라는 신호를 보내셨다면 책임을 져주실 것으로 믿었다.

"하나님은 언제나 그의 일군을 부르신다."

요한 칼빈의 말처럼 하나님께서 쓰시려고 나같이 미천한 것을 부르셨다. 감히 나를 한경직 목사에 빗대어 말할 수는 없지만 '하나님께서 나를 부르신 것은 하나님의 특별한 긍휼하심과 자비하심이었다.' 라고 고백한 한경직 목사를 따라 나도 동일하게 고백할 수 있다. 내가 신학교 학부과정에 입학하게 되었을 때, 나는 하나님의 세심한 준비에 놀라지 않을 수 없었다. 주님께서는 독일 출발 때부터 나의 장래에 대한 계획을 가지고 있었던 것이다. 내가 처음에 독일로 오기 몇 달 전부터 여동생 숙희가 개인병원에서 보조로 근무하고 있었다.

"언니, 독일에 가면 대학교에 다닐 수 있게 될지 모르잖아. 학교에 알아봐! 학비를 다 내면 지금이라도 고등학교 졸업장을 받을 수 있는지… 내가 월급을 타서 모아둔 돈 있으니 언니에게 줄게."

마지막 학기 학비를 내지 못하여 고등학교 졸업장을 포기하고 있었던 나에게 여동생은 이렇게 세심하게 배려하고 있었던 것이다. 나는 학교에 가서 선생님을 만나 그동안의 사정을 말했다.

"네가 그렇게 공부하고 싶은 소원을 이루게 되었으니 잘 됐구나! 독일에서 꼭 성공하여라."

선생님은 눈물을 글썽이면서 손을 잡아 주었다. 그 날 나는 자랑스러운 졸업장과 성적증명서를 받아 들었다. 동생의 자상한 마음이 너무나도 고마웠다. 신학교에 입학은 했지만 매 학기마다 학비 내기가 어려웠다. 너무나 바빠서 공부할 겨를이 없었다.

날마다 나에게 닥치는 일을 처리하는 데에도 시간이 부족했다. 중도에 포기하고 싶었으나 하나님께 물어보지 않고 그만 둘 수는 없었다. 금식하는 동안 마음에 평강이 아침이슬처럼 서려왔다.

"아버지, 왜 저에게 이런 은혜를 주시는가요?"

"니가 생각하는 것을 내가 다 알고 있다. 니가 신학교 끝날 때까지 너를 지켜 머리털 하나 상하지 않게 할 것이니 신학공부나 잘 해라."

하나님은 나에게 '너'라고 하지 않고 항상 '니'라고 하셨다. 경상도 사람이 주로 이런 말을 쓴다. 하나님께서는 정이 깊은 마음으로 표현하시는 것 같다. 우리 하나님은 유머를 좋아하시나보다.

낮에는 병원근무를 하고 저녁 8시부터 새벽 5시까지 꼬박 밤을 새워가며 공부를 했다. 신학공부를 계속하는 중에 항상 첫 번째로 간구하는 기도내용이 있었다.

"하나님 아버지, 주님을 위해 전도도 열심히 하고 싶고, 교회에서 여러 봉사활동도 하고 싶어요. 그런데 저를 보세요. 한시도 가만히 있지 못하는 아들만 셋이에요. 애들이 아침에 깨어 일어나 잠들 때까지 신경 써야죠. 세탁도 해야 하고 청소도 해야 해요.

3층이나 되는 집 청소를 도맡아 하는데 허리가 휘겠어요. 하루 스물네 시간을 더 늘릴 수도 없어요. 사정이 이런데 제가 어떻게 해야 돼요? 그러니 가사 도우미 한 사람 보내 주세요."

좋으신 하나님이셨다. 나의 기도에 응답하여 학비만 책임져 주신 것이 아니라 공부할 수 있는 환경까지도 만들어주셨다. 신학교에는 훌륭한 교수들이 있었다. 신학을 전념한 학자들도 있고 목회 40년 경험을 가진 분도 있었다. 교실에서 강의를 듣는 것이 아니라 부흥회에 참석하는 것처럼 시간마다 뜨거웠다.

나는 눈물을 손수건으로 훔치면서 강의 노트를 메워나갔다. 학비를 대는 일은 하나님의 몫이었다. 나는 학비에 해당하는 금액의 십분의 일을 십일조로 먼저 하나님께 드렸다. 학비 전액을 공급해주실 줄 믿고 미리서 십일조를 드린 것이다. 이렇게 학비를 꼬박꼬박 대주신 분에게 보답하는 심정으로 남들보다 더 부지런히 공부를 했다. 감히 게으를 수가 없었다.

한 자매가 우리 집에 찾아왔다. 내가 아는 분의 친구였다. 한참 얘기꽃을 피우는데 나에게 빈 봉투를 하나 달라고 했다. 그리고 지갑에서 돈을 꺼내어 나에게 건네주었다.

"왜 그러세요? 갑자기…."

"여기 집에 들어오자마자 소파에 앉아 기도하는데 성령님께서 주머니에 있는 것 다 주고가라고 하셨어요."

그러면서 주님께서 주라고 하셨으니 순종할 뿐이라고 했다. 주님을 위해 많이 수고하며 헌신하라고 나를 위로하고 돌아갔다. 봉투를 열어보니 한 학기의 등록금 액수가 들어 있었다. 놀라우신 하나님이셨다. 이런 식으로 하나님께서는 나의 학비를 공급하셨다.

나는 지금까지 하나님의 손이 되어준 그분들에게 은혜를 넘치게 부어달라는 간구를 쉬지 않고 있다. 이렇게 하여 독일에서 미국 캘리포니아 유니온 대학교 신학부를 마쳤다. 1994년 5월이었다. 이어 미국 그레이스 미션 대학교 신학석사 과정에 입학했다. 간호사로 일하면서 가정을 꾸려가며 아이들을 양육하면서 하는 공부였기에 더 값진 것이었다.

신학 석사과정을 졸업할 날이 다가오던 1996년 봄, 졸업비를 낼 일이 막막했다. 하나님께서 이미 책임지시기로 약속했지만 왠지 염려가 되었다. 하나님께서는 굳건한 약속을 했을지라도 나에게 기도를 요구하셨다.

"아버지, 고마워요. 지금까지 주신 학비로 신학을 다 마치게 되었습니다. 이제 마지막 하나 남았어요. 졸업비요. 유종의 미를 거두게 해 주세요."

하나님께서 어떻게 마지막을 잘 마무리해 줄 것인가 호기심이 생겼다. 하나님은 내가 생각지 않는 방법으로 응답해 주실 것이라고 생각했다. 마침 내 생일을 맞이하게 되어 평소에 친밀하게 지내던 친구들을 집으로 초대했다. 생일을 축하한다고 돈을 모아 건네주었다. 하나님은 참 정확하시다. 남지도 않고 모자라지 않게 졸업비를 마련해 주셨다.

내 집에 세워진 실로암 교회

신학교를 졸업한 그 해 가을 전도사 한분과 두 분의 집사님들과 함께 중보기도회를 시작했다. 시작한 지 6개월쯤 되었는데, 성령께서 교회를 세우라고 하셨다. 성령님께 순종하여 우리 집 맨 위층에 세운 교회가 실로암 교회이다. 1997년 4월 12일, 첫 예배를 드릴 때의 감격을 지금도 잊을 수가 없다. 나의 조카와 손녀 딸, 두 아들, 그리고 나와 함께 중보기도회를 결성하고 기도하던 집사님이 전부였다. 그러나 세상의 증인이 되겠다는 각오는 남달랐다. 주님께서 어떤 방식으로 쓰실지 몰랐지만 나는 감사의 눈물을 매일 쏟아냈다.

교회를 설립한 초기 3년 동안 하나님께서 나에게 보내주신 영혼들이 얼마나 귀한지, 아흔 아홉을 두고 잃어버린 한 양을 찾아가시는 주님의 심정이었다. 소외되고 힘들게 살아가는 사람들, 건강을 잃고 소망이 없는 사람들의 친구가 되어 주기를 바랐고, 그들의 아픔을 듣고 싸매 주었다.

성도들마다 안고 있는 문제들을 위해 부둥켜안고 기도하는 것마다 응답을 받았다. 사역이 늘어나자 병원 근무도 대폭 줄여나갔다. 남편은 내가 하는 일에 대하여 말이 없었다. 나는 그에게 독일교회에 나가서 성경공부를 해보라고 권유했다. 그의 믿음이 자라가면서 나의 사역을 이해하고 돕게 되었다.

전도의 문을 열어 주소서

하나님께서는 내가 전도할 환자를 예비해 두고 계셨다. 근무를 나갈 때마다 나는 충분히 기도로 준비한다. 나의 돌봄이 필요한 사람들의 영혼까지 돌 볼 수 있게 해달라고, 그들에게 소망과 기쁨을 줄 수 있는 사람이 되게 해달라고…

삶의 환경이 좋아지고 의료기술도 발전하고 수명이 길어지면서 병원마다 고령 환자들이 늘어가고 있었다. 연약한 여자로서 노인 중증환자들은 돌보는 일은 정말 힘들다. 게다가 병원내의 자질구레한 일들은 한국 간호사들의 몫이었다. 그래도 일을 주신 하나님께 감사했다.

직장이 있다는 것이 얼마나 큰 축복인가? 그날도 7시간 근무를 끝내고 교대하는 간호사에게 내가 돌봐야 할 환자들의 상태를 듣고 나서 병실들을 돌면서 환자들에게 커피를 나누어 주고 있었다. 그중에 새로 입원한 여자 환자가 있었다. 그녀는 중풍을 맞아 오른 쪽 다리와 손을 움직이지 못했다. 이상하게도 나는 그 환자에게 관심이 갔다. 무슨 일이 생길 때 여기 있는 초인종을 누르면 간호사가 달려온다고 일러 주면서 가족상황에 관해 물어보았다.

그 다음 날 저녁, 병실에서 고함 소리가 들려왔다. 어제 새로 들어온 여자 환자에게 병문안 온 남자가 소란을 피우고 있었다. 그 여자의 남편이라는데 술을 마신 것 같았다. 나는 담당의사에게 전화로 병실로 급히 와야겠다고 알렸다. 의사는 그에게 '환자를 찾아올 때는 술을 삼가고 오라'고 따끔하게 말하는데 무엇이 못마땅한 것인지 언성을 더 높였다. 그 환자는 무안하고 창피한지 울면서 안절부절 어쩔 줄 몰라 했다. 그 일을 계기로 나는 그 여자를 자주 찾아가 말을 걸어주었다. 6주 가량 입원하여 물리치료를 병행하였지만 차도가 없어 보였다. 머리를 오랫동안 감지 못해 가렵다고 해서 머리를 감겨주고 드라이어로 잘 말려 주었다.

간호사가 머리를 감겨준다는 것은 상상할 수 없는 일이다. 몇 번이나 고맙다고 했다. 퇴원하면 내가 그의 집에 방문해도 괜찮은가 물었다. 그래주었으면 좋겠다고 한다. 그 여자를 위해 전도의 문을 열어 달라고 나는 매일 저녁 기도했다. 독일 사람들은 예수를 모르는 사람이 없다.

어릴 때 교회에서 세례를 받아도 교회생활을 거의 하지 않아 예수님을 자신의 구주로 영접하는 믿음이 없다. 설령 믿음이 조금 있다고 해도 그 믿음이 자랄 환경이 못 되었다. 무늬만 기독교인체 하고 살아간다. 그녀가 퇴원한 후, 어느 날 시간을 내어 케이크를 사들고 그 집에 찾아갔다. 그녀의 전도를 위해 계속 기도해왔지만 그 집에 찾아가는 중에도 "하나님, 이분이 꼭 예수를 믿도록 저를 사용해 주세요."라고 기도하며 갔다.

그녀는 나를 반겨 맞아 주었다. 그녀의 남편은 보이지 않았다. 하루 종일 어디에 가있는지 모른다고 했다. 하나님께서 전도에 방해가 될까봐 내 보내신 것임에 틀림없었다. 그녀는 그동안 매우 적적했었던 모양이다. 바깥에 나가고 싶어도 휠체어를 밀어줄 사람이 없었다고 한다.

"옳지, 잘 됐다. 한 주간 휴가를 얻어놓았으니 이번 주간 내내 매일 한번 씩 와서 도와주자."

약속한 화요일, 다시 그 집에 가서 성경 말씀을 읽어주고 기도해주었다. 그리고 휠체어에 싣고 밀며 산책하면서 계속 말씀을 전했다. 80킬로나 되는 몸을 휠체어에 앉히고 낑낑거리고 미는데 힘이 들었다. 그때마다 나의 추한 죄를 위해 무거운 십자가를 지신 주님을 생각했다.

성령님께서 전도할 사람을 내게 붙여 주셨으니 나를 도와 전도의 열매를 맺어주실 것이다. 주님의 이름으로 쓰임 받는 것이 이렇게 기쁜 줄 몰랐다. 춤이라도 추고 싶었다. 그녀 역시 기뻐했다. 진정한 사랑으로 마음을 다해 도우면 마음이 통하게 마련이다. 휠체어를 밀고 한 시간정도 시내를 돌아다니며 이것저것 필요한 것을 사주고 돌아왔다.

다음날 아침에 일어나보니 어깨와 양쪽 팔이 아팠다. 힘든 일이었지만 기쁘게 일했는데도 며칠 동안 통증이 계속되었다.

팔의 힘이 약했던 것이다. 1998년이었을까?

아직 겨울이 가시지 않는 이른 봄이었다. 그때부터 그녀를 돌보기 시작하여 그 후 일 년 반 동안 지속적으로 찾아갔다. 하나님께서 독일 사람들을 한 사람 한 사람 붙여 주기 시작하셨다. 오전과 오후에 각각 말씀을 듣고 찾아갈 사람이 생겼다.

주님께서 불쌍한 여인을 구원하셨다

오후 근무 시간이었다. 위가 쓰리고 아프다고 호소하는 여자 환자가 병원에 왔다. 며칠 동안 조직 검사를 비롯하여 몇 가지 검사를 해야 하므로 입원을 하게 되었다. 입원한 사람마다 환자 차트를 작성하기 위해 몇 가지 질문을 하는 것이 간호사의 임무 가운데 하나이다. 새로 입원한 환자에게도 아침식사 때 커피를 원하는지 묻고 그 외의 질문을 하는데 그녀에게서 체크해 볼만한 점을 발견했다.

교양도 있어 보이는데 산만해 보이고 한마디로 이상했다.

"솔직하게 말씀해 보세요. 치료가 제대로 되려면 숨기는 것이 없어야 합니다."

간호사에게 대한 경계심을 풀도록 안심시키며 부드럽게 말했다. 그녀는 매일 술을 마신다고 했다. 위가 나빠진 것은 그것 때문일 것이라고 솔직하게 털어놓았다.

"환자로 입원했으니 여기서 술을 마시면 쫓겨나니 마시고 싶어도 참아야 해요."

그녀는 노력하겠다고 하면서 의사에게는 절대로 말하지 말아달라고 부탁했다. 혈액검사를 하면 드러날 텐데 의사도 그냥 속아주는 것 같았다. 그녀는 술을 참기가 어려운지 스스로 퇴원을 했다. 내가 쉬는 주말에 그녀의 집을 방문해도 되겠느냐고 물었다.

" 정말 올 수 있어요? 오시면 좋지요. 기다리겠어요."

자기를 찾아오겠다는 말이 그렇게도 좋은 것 같았다. 나는 다른 속셈이 있었다. 진작부터 그녀를 전도해야겠다고 작정하고 기도하고 있었던 것이다.

그 집을 찾아갔을 때, 테이블에는 맥주깡통들이 어지럽게 널려 있었고 재떨이에는 담배 조각들이 수북했다. 실내는 정리가 안 되어 있어서 어디 앉을만한 자리가 없었다. 그래도 내가 온다고 그 날은 술도 마시지 않고 참는 기색이 역력했다. 하지만 역겨운 담배 냄새에 술 냄새까지 나의 전신에 배어들어 도저히 참기가 어려웠다. 속으로 불평이 나왔다.

왜 이런 데까지 와야 하는가? 그러나 금세 마음을 돌렸다. 주님께서 나를 꾸중하시는 것 같았다.

"내가 이처럼 버려진 영혼들을 위하여 십자가에 달려 죽었노라. 너는 담배 냄새 술 냄새가 역겹다고 하느냐? 이런 작은 것 하나 못 참으면서 어떻게 영혼들을 말씀으로 인도하겠느냐?"

"성령님, 죄송해요. 제 코가 이 독한 냄새를 맡지 않게 해주세요."

그랬더니 그렇게 독하게 풍겨오던 지독한 냄새가 훨씬 사그라진 것 같았다. 내가 머물고 있는 동안에는 담배를 참아달라고 부탁을 했다. 내가 오면 거기에 함께 있는 사람들까지도 많이 참는 것 같았다. 내가 성경말씀을 들려줄 때는 진지하게 들었다.

그 만큼 나의 기분을 맞추려고 애를 쓰고 있었다. 그녀는 주기도문과 내가 선창하는 기도를 따라하면서 서서히 마음을 열고 있었다. 말씀을 듣고 믿음이 자라가면서 마음에 말할 수 없는 후회와 자책이 생기는 것 같았다. 성령께서 그 마음을 헤집고 계신 것이다.

어느 날, 성령께서 그의 마음 가운데서 강하게 역사하셨다. 그녀는 울면서 주님의 마음을 모르고 살았던 죄 많은 여자라고 고백했다. 그리고 나에게 자기 같은 죄인도 천국백성이 될 수 있느냐고 물었다.

"바바라 자매님, 예수님이 바로 당신을 사랑하여 세상에 오셨어요. 주님께서 당신을 딸로 삼으시려고 기다리고 계세요."

그녀는 감동하여 목 놓아 울었다. 언제 죽어도 하늘나라에 갈 수 있게 되었다고 얼마나 감격해서 우는지 나는 그날 하나님의 퍼부어 주시는 은혜를 보았다. 주님은 그의 크고 넓으신 품에 그를 안아주셨다. 그녀가 거듭난 순간이었다. 그녀의 집에 사는 모든 사람들이 다 우리 교회 성도들이 되었다.

"주 예수를 믿으라 그리하면 너와 네 집이 구원을 받으리라."(행 11:31)는 말씀이 그대로 이루어졌다.

얼마 후 그녀는 주님이 계시는 영원한 천국으로 갔다.

나보다 먼저 하늘나라에 갈 것이라고 늘 말하던 대로…

나보다 앞서 간 성도들을 천국에서 보게 될 날이 오고 있다. 그 날을 위해 게으르지 말고 열심을 품고 주를 섬겨야겠다.(롬 12:11)

나의 중보 기도자가 된 90살 할머니

그 사이에 앞서 말한 중풍 맞은 여자를 계속 돌보았다. 한쪽 다리와 팔을 쓰지 못하므로 주로 휠체어에 태우고 다니는 일이었다. 주님께서 그녀를 사랑하시므로 나도 그녀를 사랑하지 않을 수 없었다. 주님께서 그녀의 영혼을 긍휼이 여기셨으므로 나도 그녀의 영혼을 긍휼히 여기지 않을 수 없었다. 봄기운이 대지를 감싸기 시작하는 그해 3월 초순, 90여살 된 할머니가 집에 찾아왔다.

내가 휠체어를 태워 외롭게 사는 사람을 도와주는 것을 보았던 모양이다. 자기 이름은 마타이며 중풍 맞은 여자의 집 바로 옆에 살고 있다는 것이다.

"혹시 간호사가 아닌가요?"

"예, 그래요. 저 앞에 있는 병원에서 근무하고 있어요."

나는 병원 쪽을 가리키면서 대답했다. 시간이 있으면 자기 집에도 올 수 있느냐고 물었다. 시간을 내서 가겠다고 쾌히 승낙했다. 약속한 날에 마타 할머니 집을 찾아갔다. 자기 여동생과 함께 있었다. 여동생은 마타 할머니와 연세가 비슷했다. 두 자매의 인자한 모습이 인상적이었다. 이런 저런 대화를 나누다가 간호사로 근무하면서 따로 시간을 내어 하는 일이 있다고 말했다.

"성경공부를 하기 원하시는 분들에게 성경 말씀을 전하고 있습니다."

정말 귀한 일을 한다고 칭찬해 주었다. 이분들도 젊은 시절에는 교회에서 활동을 많이 했다고 한다. 그때의 교회생활이 그립다고 했다. 원하신다면 시간을 내어 두 주에 한 번씩은 올 수 있다고 했다. 그분들과의 만남은 장장 10년 동안이나 계속되었다. 마타 할머니가 101살에, 그의 여동생 루이제가 98세에 하늘나라로 갈 때까지…

화요일 오후는 마타 할머니 집에 가는 날이다. 우리는 독일어로 함께 찬송가 몇 곡을 부르고 성경을 읽는다. 이해가 안 되는 부분이 있다고 하면 설명해 준다. 그리고 기도하고 헤어진다.

어느 날 갔더니 보청기를 어디에 두었는지 모르겠다고 속이 상해 있었다. 보청기가 어디에 숨어있는지 성령님께 물어보라고 했다. 다음 만남을 가졌을 때, 보청기를 찾았다고 기뻐하고 있었다. 내가 권유한 대로 기도했다고 한다. 그때 손바닥으로 옷장 위를 쓸어보리라는 마음이 들어 그대로 했더니 뭔가 만져지더라고 한다.

그것이 보청기였다. 그분들의 믿음이 회복되고 새로운 삶을 찾았다. 기쁜 삶이 그 증거였다. 구원 받은 자의 삶이 바로 그게 아니던가! 손자들에게 하나님을 믿으라고 전도도 잘했다. 그 두 할머니들이 나의 사역을 위해 성령 충만한 중보 기도자들이 될 줄을 누가 알았겠는가?

그 후 내가 목사가 되고, 선교지로 나갈 때마다 기도로 나를 도와주었다. 중보기도를 하면서 우리는 서로 간에 약속을 했다. 누구든지 마지막으로 이 세상에 살아있는 사람이 남아있는 가족들을 위해 기도하자는 약속이었다. 두 분이 하늘나라로 가신 후, 아직까지 살아남은 내가 그 기도의 몫을 지고 있다. 남은 가족들의 영혼들을 다 구원해 주시도록…

나를 그들보다 더 오래 이 땅에 살아있게 하심은 중보기도가 지속 되어야 한다는 주님의 뜨거운 소원 때문이리라. 언제인가 주님이 내게 맡긴 모든 역사를 마칠 날이 올 것이다. 그 날에 천국에서 주님을 만나게 될 때, 마타와 엘리제도 함께 영원한 기쁨 가운데서 만나게 될 것이다.

내가 세상에서 작별하고 눈물 흔적 거둔 뒤
주의 찬란하신 영광 비칠 때
나를 구속하신 주를 기쁨으로 뵈오리
새 예루살렘에서

아름다운 그곳에서 구속 받은 성도와
사랑하는 주를 만나 뵈올 때
주의 영광 노래하며 영원토록 살리라
새 예루살렘에서

6
직임을 주며 일을 시키시는 하나님

성령의 역사는 빈틈이 없으시다

잃어버린 한 양을 찾아다니며 중보 하는 나의 사역을 하나님께서 기뻐하셨다. 이 일에 내가 폭 빠질 수 있었던 것은 성령님께서 기쁘게 추수하고 계심을 내 눈으로 볼 수 있었기 때문이다. 3년쯤 되었을 때, 한국의 노방 선교교회 김주상 목사님이 나에게 목사 안수를 받는 것이 좋겠다고 권유하셨다. 하지만 그분이 속한 교단에서는 여성안수가 허락되지 않으니 안수를 해줄 수 있는 교단을 찾아보라고 했다.

"내가 꼭 안수를 받아야 하나?"

하면서 나름대로 고민을 하고 있었다. 주변에 있는 목회자들도 안수 받고 사역하는 것이 더 낫다고 권면했다. 이 문제에 관해서는 성령님께 충분히 기도할 시간이 필요했다. 당시에 독일 퀼른과 본에 있는 순복음 교회를 담임하는 홍 목사님이 내가 목사 안수를 받을 수 있는 길을 열어주었다. 2000년 9월 29일로 안수식 날자가 결정되었다. 그러나 한국에서 안수식에 필요한 경비와 비행기 티켓을 준비하지 못했다. 이를 위해 금식기도를 시작했다.

그때 주님께서 내 입에

"여호와께 능치 못할 일이 있겠느냐?"(창 18:14)는 말씀을 넣어주셨다. 내 자신이 들을 수 있을 정도로 이 말씀이 나의 입술에서 계속 흘러나왔다. 가슴이 뜨거워지면서 성령께서 또 하나의 말씀을 주셨다.

"여호와는 나의 목자시니 내게 부족함이 없으리로다."(시 23:1)라는 말씀이었다.

계속해서 "내게 능력 주시는 자 안에서 내가 모든 것을 할 수 있느니라."(빌 4:13)는 말씀도 주셨다. 이 모든 말씀을 묵상하면서 주님께서 나를 들어 쓰실 때 필요한 물질뿐만 아니라 권능까지도 공급하신다는 말씀으로 받았다. 그 다음날이었다. 스페인에 사는 여 집사로부터 전화가 왔다. 성령께서 나를 도우라고 하신다며 한국 갈 비행기 티켓 비용을 보내 주겠다고 한다.

내가 여러 선교지역에 헌금을 보내는 것을 알고 있다며 꼭 티켓을 사는 데 써야 한다는 당부를 빼지 않았다. 이렇게 하여 비행기 값은 해결되었다. 안수식을 비롯하여 다른 비용은 마련되지 않았으나 일단 한국으로 나가 목사고시를 치렀다. 나는 필요한 비용 목록을 작성하여 성령님께 보여드리며 기도를 시작했다.

"성령님 보세요. 이만한 액수를 나의 능력으로 마련할 수 없어요. 내가 목사안수를 받는 것은 예수 그리스도의 복음을 더 잘 전하기 위해서예요. 믿고 구한 것은 다 받을 줄 알라고 하셨으니 신실하신 하나님의 말씀이 살아 역사하실 줄 믿고 감사 드려요."

나는 이미 받은 것으로 믿고 감사를 드렸다. 기도하는 중에 어떤 목사님이 생각나서 전화를 걸어 한국에 나온 사유를 말씀드렸다. 그 교회에서 말씀 전할 시간을 줄 테니 오라고 했다. 집회가 끝났을 때, 그 목사님은 나에게 두툼한 봉투를 내밀었다.

" 왜 이렇게 많이 주세요?"
" 안수식에 쓰실 비용의 일부를 부담하라고 성령께서 일러주셨습니다."

너무나 미안하고 감사하여 어쩔 줄 몰라 하고 있는데,

"열심히 주의 복음을 전하라."고 격려해 주었다.

성령님도 고맙고 그분도 고맙다. 그 후 하나님께서는 나머지 필요한 비용들을 주셨다. 필요한 곳에 다 쓰고도 남았다. 하나님은 지금도 여전히 오병이어의 역사를 이어가신다.

나는 체험했다. 다윗에게 임한 기름 부으심을...

안수식이 있었던 예배당 분위기는 경건하면서도 그날의 감격스러운 예식을 암시해 주고 있었다. 강단 양편으로 장식된 형형 색깔의 꽃들은 낙원의 꽃밭과도 같았고, 나는 황홀한 낙원의 꽃들 사이에 서 있는 느낌이었다. 그 사이에서 찬양음악에 맞추어 너울너울 춤추는 예배 무용은 순백의 천사의 모습이었다.

부드러우면서도 능력으로 충만한 성령님의 감동이 그 자리를 압도하고 있었다. 2000년 9월, 그 날은 나의 생애에서 가장 감격스러운 날이었다. 하나님께서는 어찌하여 나 같은 죄인을 사하시고 영광의 화관을 씌워 주실까? 하나님은 어찌하여 나같이 볼품없는 사람을 들어 쓰실까?

나의 질문은 끝없이 이어지고 있었다. 성 프랜시스의 겸손한 마음을 생각했다. 당대에 그는 온 교회의 존경을 한 몸에 받고 있었다. 그로부터 순결과 섬김을 배우기 위해 사람들은 구름같이 모여 들었다. 큰 무리들이 모여 거룩한 단체가 결성되었어도 그는 '작은 형제단'이라는 이름으로 불리기를 원했다.

오늘날 사람들은 '위대하다'는 뜻을 가진 대 자를 얼마나 많이 붙이고 있는가? 곁에서 지켜보았던 사람이 그에게 이런 질문을 했다고 한다.

"프랜시스 형제여, 사람들이 당신을 따르는 이유가 무엇입니까? 몸도 왜소하고 뛰어난 학문도 없고 가진 것도 없는데 왜 사람들은 당신의 말에 귀를 기우릴까요?"

그때 프랜시스가 한 짧은 말은 사람의 심금을 울려주는 대답이었다.

"하나님께서 세상을 살펴보시다가 세상에서 가장 천하고 무력하고 악한 사람 하나를 발견했지요. 그게 곧 나 프랜시스랍니다. 그래서 나 같은 죄인을 불러 죄를 사해주시고 사용해 주셔서 세상에 하나님의 극진하신 사랑을 보여주신 게지요."

그래도 그분은 고결한 성품을 가졌지 않은가?

사람을 움직이는 언변도 놀랍지 않은가?

그런데 나는 내 놓을 것이 없었다. 그래서 감사하다는 말씀 말고는 드릴 것이 없다. 한국에 온 후 며칠 사이에 목사 시험을 통과하고 안수날짜가 결정되었을 때 나는 하루에도 몇 번씩이나 기도했다.

"하나님, 저는 너무 부족한 것 많고 자격도 없어요. 주님의 지상 명령을 수행하고 있는 하나님의 종들이 제정한 절차를 밟고 있어요. 제가 안수 받는 그 순간 제 머리에 크신 하나님의 손을 얹어 주세요. 구약에서 주님께서 선택한 종들에게 행하신 기름부음이 직접 임하게 해주세요. 내가 꼭 체험하고 싶어요. 그래서 주님이 정말 나를 선택한 여종인지 확실하게 알고 싶어요.

주님께서는 다윗에게 세 번씩이나 기름 부어 주셨어요. 다윗이 목동이었을 때, 사무엘을 통해 기름 부어 주셨고(삼상 15:13), 사울이 죽은 후 유다 사람들이 다윗에게 와서 기름 부어 왕이 되게 했잖아요(2:4). 또 이어 유다 장로들이 헤브론에서 다윗에게 기름을 부었어요(5:3). 여종을 긍휼히 여기시고 이번 안수식에서 이런 기름부음을 실제로 체험하게 해주세요."

그 날, 일곱 목사의 일곱 손이 나의 머리에 얹어졌다. 그 순간 기름이 내 머리와 몸에 천천히 스며들고 있었다. 내 코에 기름 냄새가 풍겨왔다. 살아계셔서 임재하신 성령님께서 내가 기도하고 소원한 대로 이루어 주시는 순간이었다. 일곱 분의 축복의 기도는 계속되었고 기름 부으심도 계속되었다. 따스한 성령님이셨다. 나를 만지시는 그분의 손길은 부드러웠다.

"주님, 감사해요. 주님, 사랑해요."

나는 어깨를 진정할 수 없이 흐느꼈다. 눈물은 내 안에서 흘러나온 나의 감사의 강물이었다. 나의 뺨을 따라 흐르는 감사의 눈물은 나의 가슴을 축축하게 적시고 있었다.

주님 사랑해요 주님 사랑해요
말하지 않아도 표현 다 못해도
주님 사랑해요

주님 감사해요 주님 감사해요
말하지 않아도 표현 다 못해도
주님 감사해요

세상이 변해도 주님만 위해 살겠다고 몇 번이나 약속했다. 앞으로 어떤 시련이나 역경이 올지라도 씩씩하게 걸어갈 수 있으리라는 새로운 기대와 희망이 샘솟는 것을 느낄 수 있었다. 안수식이 끝난 후에 이외로 남은 돈이 많았다. 독일을 출발할 때 가진 것이 없었던 나에게 하나님께서는 쓰고도 남는 은혜를 주셨던 것이다. 한 소년이 점심으로 가져온 보리빵 다섯 개와 물고기 두 마리를 가지고 5천명을 먹이고도 남게 해주시는 주님이셨다.

"성령님, 내게 남은 돈은 어찌할까요? 내가 도와야 할 교회가 있어요?"

성령님께 물었을 때 퍼뜩 생각나는 것이 있었다. 그것은 내가 러시아에 갈 티켓 비용이었다. 성령님께서 하시는 일은 정말 빈틈이 없으시다! 성령님께서는 나를 러시아로 보내실 작정이셨다.

러시아 선교 • 봄비가 올 때 비를 구하라

그 해 10월, 병원으로부터 두 주간의 휴가를 얻어 러시아로 갔다. 러시아 남서부 지역 까프까즈 에서 사역하는 선교사 부부의 초청을 받은 것이다. 그분들을 만나게 된 데에 하나님께서 개입하신 것이 역력하다. 그해 봄에, 러시아에서 사역하는 여선교사 한 분이 독일에 왔다는 얘기를 들었다. 성령님께서 나에게 그 선교사를 만나고 싶은 마음을 주셨다. 만나보니 내가 다닌 신학교의 선배였다. 러시아에서의 그의 사역에 관해 자세히 들을 수 있었다.

도시에서 멀리 떨어진 농촌에 교회를 지을만한 땅이 있다는 것이다. 그때 마침 미국 시카고와 애틀랜타에 살고 있는 초등학교 동창생들이 내가 독일에서 목회한다는 소식을 듣고 보내온 선교헌금을 가지고 있었다. 그것과 조금 모자란 것을 보태서 교회를 지을 땅값으로 헌금을 드렸다. 그 후부터 내 마음에 러시아가 자리 잡게 되었고, 러시아에 가면 새롭게 지은 예배당을 볼 수 있을 것이라는 기대감으로 마음이 설렜다.

마침내 러시아 땅에 처음으로 발을 내딛었다. 모스크바 국제공항에 내렸다. 공항의 분위기는 살벌했다. 군복을 입은 사람들이 기관총을 들고 있었다. 겁이 덜컥 났다. 우리가 상상하던 옛날 공산주의 시대의 모습이 그대로 남아 있었다. 고려인 통역자가 공항에 마중나와 나를 기다리고 있었다.

모스크바에서 하룻밤을 지내고 다음 날, 세 시간 동안 비행기를 타고 까프까즈에 도착했다. 지방 공항이어선지 모스크바 보다 더 조용하고 공항직원들도 부드러웠다. 다음 날부터 그 여선교사의 안내로 그의 사역현장을 둘러보았다.

뿌라크나드나 교회에서 말씀을 전할 때, 성령님께서 큰 은혜를 내려 주셨다. 너무나도 감사했다. 하나님께서 여기까지 인도하시고 나를 말씀 사역자로 쓰시는구나 생각하니 감사의 눈물이 쉴 새 없이 흘렀고, 마음속에서는 찬송이 넘치고 있었다.

"김 목사님, 내년에도 또 오세요."

한국말을 할 줄 아는 나이 지긋한 고려인 여성도였다.

"예, 저도 또 오고 싶어요. 기도 많이 해 주세요."

그랬더니 그 옆에 있던 분이 거들었다.

"우리는 예배당에 와서 함께 금식기도를 하는데 기도하다가 피곤하면 이곳에 잠을 잡니다. 목사님을 위해서 기도 많이 하겠어요."

그분들의 약속에 나는 감동했다. 그 교회를 도울 수 있다면 힘 닿는 대로 돕고 싶었다. 그 교회는 월세로 빌려 예배를 드린다고 한다. 주인이 교회 측에 건물을 사라고 하는데 형편이 안 되어 모든 성도들이 기도하고 있었다. 나 역시 그 일을 위하여 기도하는데 성령님께서 나를 통해 그 건물을 사게 해주겠다고 하신다. 독일에 돌아와서도 기도를 계속했다.

"봄비가 올 때에 여호와 곧 구름을 일게 하시는 여호와께 비를 구하라 무리에게 소낙비를 내려서 밭의 채소를 각 사람에게 주시리라." (슥 10:1)

비가 내리는 봄철에도 비를 구하라는 말씀처럼 하나님께서 주시기로 작정하셨을지라도 나는 여전히 그 일이 이루어지도록 기도를 계속했다. 성령님께서는 그의 계획대로 신속하게 이 일을 추진하기 시작하셨다. 그 일에 합력할 수 있는 사람을 한국에 예비해 두셨던 것이다.

나는 유럽노회 노회장을 맡고 있어서 총회에 참석하기 위해 병원으로부터 3주간의 휴가를 얻어 한국에 갔다. 마땅히 묵을 때가 없어서 작은 가방 하나 들고 몇 교회를 순회하며 말씀을 전하며 다녔다.

독일에는 소중한 가족들도, 집도 있지만 고향 땅에서는 머리 둘 곳이 없어 눈물이 나왔다. 내가 알고 지내는 여자 목사에게 전화를 했더니 마침 자신의 교회에 와서 말씀을 전해 달라고 하는 것이었다. 주님께 감사를 드렸을 때, 성령님께서 오늘 좋은 일이 있을 테니 가보라고 말씀해 주셨다. 그 교회에서 말씀을 전하고 나서 러시아 교회 건물 구입을 위해 그 자리에서 함께 부르짖어 기도하자고 제안했다. 성령님께서는 간절한 마음으로 부르짖는 기도를 기뻐하시는 것이 분명하다.

"내가 주께 부르짖을 때에 주께서 나의 간구하는 소리를 들으셨나이다."(시 31:22)

"네가 부를 때에는 나 여호와가 응답하겠고 네가 부르짖을 때에는 내가 여기 있다 하리라."(사 58:9)

집회가 끝난 후, 그 교회 남자 집사 한분이 그 건물 값이 얼마나 되느냐고 묻고 나서 소요되는 전액을 하나님께 드리겠다고 했다. 숨이 멎을 정도였다. 성전을 위하여 뜨겁게 부르짖는 기도를 외면하실 수 없는 하나님이셨다. "그들에게 오래 참으시겠느냐?"(눅 18:7) 라고 말씀하신대로 하나님은 가만히 앉아서 보고만 계시는 분이 아니었다. 러시아 성도들도 얼마나 기도를 많이 했겠는가? 하루에 한 시간씩 기도 팀을 짜서 연속적으로 기도했다는 것이다.

"주님, 감사합니다. 이 일을 통해서 영광 받으시옵소서. 이 은혜를 어떻게 다 갚을 수 있을까요?"

내 뺨에 끝없이 눈물이 흘러 내렸다. 눈물 이외에 갚아드릴 수 있는 것이 없었다. 그 후 러시아 선교사를 독일에서 만나 헌금을 전달했다. 러시아 교회 건물구입을 위해 전액을 헌금했던 그 안수집사는 그 후 나의 인도 선교사역에 동역자가 되었다. 하나님께서는 항상 함께 일할 사람들을 숨기고 있다가 때가 이르면 드러내 주시고 함께 일하게 하신다.

나는 너의 예배 때마다 참석한다

총회에 참석하는 일 등 한국에서 거의 한 달을 보냈다. 또 러시아에 선교하러 가서도 한 달을 보냈으니 교회를 두 달이나 족히 비운 것이다. 주일에 예배드리러 오는 사람이 한명도 없었다. 텅 빈 의자들 사이에 주저앉아 있노라니 울음이 터져 나왔다.

"하나님, 왜 나를 안수 받게 하셨어요? 성도들이 이렇게 떠나게 될 것을 미리 아시지 않았어요?"

목회란 양을 치는 일이어서 한시도 눈을 뗄 수 없는데 그런 생각은 전혀 하지 않고 원망부터 나왔다. 어찌 그럴 수 있느냐고 하면서 어린애처럼 떼를 쓰며 울어댔다. 그때 성령님께서 부드럽게 말씀을 걸어오셨다.

"딸아, 너는 누구를 위해 예배를 드리느냐?"

"물론 하나님께 예배를 드리지요."

"나는 네가 드리는 예배에 한 번도 빠지지 않고 와서 네 예배를 받고 있다"

나는 이 말씀에 놀라 넘어질 뻔 했다. 하나님께서 우리 교회 예배 시간에 참석하시다니…

나는 그날 철저히 회개했다. 그 후부터 나는 기쁘게 예배를 드렸다. 성령 하나님께서 천군천사들과 함께 오셔서 내가 드리는 예배를 흠향하시는 것을 느낄 수 있었다. 나는 예배시간에 초를 켜놓는다 아무도 참석하는 사람이 없어도 두세 시간 동안 홀로 예배를 드린다.

나중에 알고 보니 이것도 나를 위한 하나님의 연단계획에 들어가 있었다. 연단기간이 길면 길어질수록 하나님께서 퍼부어주시는 은혜도 많아지고, 능력도 그 만큼 더해 주시는 것을 알 수 있었다.

그 후에도 내가 홀로 예배드릴 때, 성령님께서는 나를 위로해 주셨다. 하나님께서 항상 나의 예배 가운데 오셔도, 한편으로 나도 유명한 목사님들처럼 많은 성도들 앞에서 능력 있게 말씀을 전하고 싶을 때가 있다.

"니가 빌리 그래함이 될 수 없단다. 니는 김선희다. 내가 사랑하는 딸이다. 니가 어디를 가든지 내가 항상 니와 함께 있지 않느냐? 나를 언제든지 만질 수 있지 않느냐?"

나는 순간적으로 다른 목사들과 나를 비교했던 것을 회개했다. 성령께서 어찌 그리도 마음이 넓으실까? 화를 낼만도 하고, 책망도 할 만한데 꾹 참으시고 나를 기분 좋게 하는 말만 골라서 하신다. 하나님의 사랑을 이렇게 듬뿍 받는 나는 얼마나 행복한 종인가!

성령님께서는 내가 기도할 때마다 나를 통해서 앞으로 이루실 계획들을 알게 해 주셨다. 지금까지 내가 알지 못하던 크고 비밀한 일

들을 보여주겠다고 하셨다.(렘 33:3)

하나님께서는 내가 목회와 말씀을 더 배우기를 원하셨다. 열 달 과정의 독일인들과 다양한 외국목회자들이 참가하는 세미나에서 배우게 하셨고, 한국목회자 세미나에서 일 년 동안 배우게 하셨다. 일 년 반의 베델 성서연구 과정에서도 공부하게 하셨다. 성경구절들을 달달 외우게 하셨다. 이와 같은 지식들은 영적 세계를 깨닫게 하는 통로가 되었으며 세상을 이길 영적인 무장을 위해 필요한 것들이었다. 말씀과 금식기도는 나에게 능력의 원천이었다.

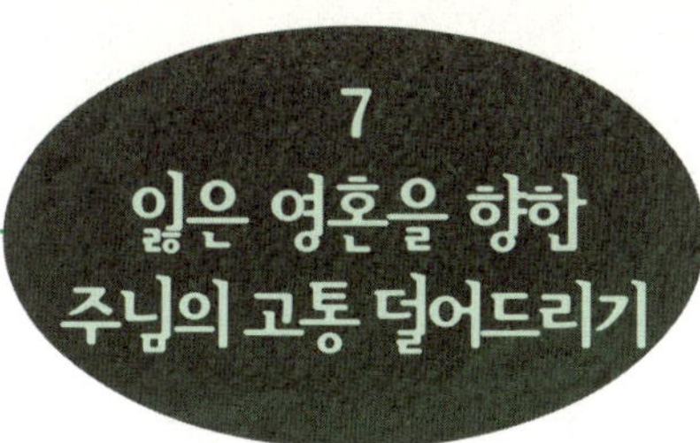

7 잃은 영혼을 향한 주님의 고통 덜어드리기

나이제리아에서 온 글로리아 수녀 간호사

실로암 교회와 실로암 선교센터를 설립한지 4년 째 되는 해에도 나는 여전히 간호사로서 병원에서 일을 하면서 선교활동을 하고 있었다.

7일간 근무하고 7일간은 내 자신의 시간으로 활용했다. 아프리카 나이제리아에서 온 수녀들이 내가 근무하는 병원에 와서 함께 일하게 되었다. 내 아들 또래의 어린 간호사도 있었다. 환자들은 까만 피부의 간호사들을 달갑게 여기지 않았다. 의사소통도 제대로 안된다고 불평하고 있었다. 나는 글로리아 수녀와 함께 중증환자들을 돌보았다. 아침에 근무를 시작하면 둘이서 함께 침대에 누워있는 환자들의 몸을 씻어주고, 바디 로션도 발라준다. 더러워진 시트를 갈아주다 보면 온몸이 땀에 젖어 샤워를 하고 속옷을 갈아입어야 할 경우도 종종 있다. 커피를 마실 휴식시간이 주어져 있는데도 한가하게 쉴 수 있는 여유가 없었다. 아침식사를 스스로 할 수 없는 환자들에게는 빵에 치즈를 바르거나 햄을 넣어서 먹여준다. 일은 끝이 없었다.

환자들은 때를 가리지 않고 벨을 눌러댄다. 행여나 무슨 긴급한 사정이 생겼나 싶어 다급한 심정으로 헐레벌떡 뛰어가 본다. 불상사라도 생기면 간호사에게 책임을 묻기 때문이다. 갑작스럽게 상태가 나빠진 환자가 있기도 하다. 환자들이 호전되도록 보살피는 일이 간호사의 임무이다. 그래서 나는 막중한 책임의식을 가지지 않을 수 없었다. 환자의 건강과 생명을 첫째로 생각하겠다는 히포크라테스 선서를 나는 잊지 않고 있었다.

근무처에서 일어날 수 있는 모든 상황들을 하나님께 맡기지 않으면 한 시도 안심할 수 없었다. 안전사고가 일어날 가능성은 항상 있었다. 나는 일하면서 기도했다. 아무 사고 없이 지혜롭게 일할 수 있도록, 그리고 내가 보살피는 환자들이 치유 되도록. 나는 일과를 마치고 나서 하루를 무사히 넘어가게 해 주신 하나님께 감사기도를 드린다. 하루 동안도 주님께서 함께 해주셔서 평강가운데 일할 수 있어서 감사한 마음을 표현하지 않을 수 없었다. 나는 동료간호사들과 원만한 관계를 유지하고 싶었다. 그들을 위해 내가 희생하고 수고하는 것이 가장 좋은 비결이다. 예수 믿는 사람들이 자기 이익을 좇아 살면 사람을 얻지 못한다. 예수님처럼 희생의 본을 보일 때 주위 사람들이 따르게 되고, 영향력을 끼치는 사람이 되어간다.

그래서 나는 항상 말을 조심하고 나의 태도가 다른 사람들을 편안하게 하는지 생각한다. 평일에 근무할 때는 간호사들이 두 팀으로 나누어 일을 했다. 그러나 주말에는 간호사들이 절반이나 쉬기 때문에 일은 갑절이 늘어났다. 내가 근무하는 병원은 오래 전에 지은 건물에다 환자들도 고령 환자가 많아서 일이 힘들었다.

3분의 2가 침대에서 일어나지 못하는 환자여서 기저귀까지도 갈아주어야 했다. 이때 우리가 가벼운 마음으로 일할 수 있게 활력을 주는 것은 한 마디의 유머이다. 간호사들 가운데 유머감각이 뛰어난 사람들이 분위기를 띄우는데 한 몫을 했다. 주말에 근무하는 사람들 대다수가 오전 근무를 선호했다. 아침 근무가 오후보다 힘들어도 오후 시간을 자유롭게 활용할 수 있기 때문이었다.

나는 이런 간호사를 위해 오후 근무를 자청하고 나섰다. 그러면 나는 그 사람과 좋은 관계를 자연스럽게 맺을 수 있었다. 나이제리아 수녀 간호사들에게 관심을 가지고 가까이 다가갔다. 나는 자주 그들이 사는 기숙사로 찾아갔다. 글로리아 수녀와 대화를 나누다가 형부가 개신교 목사라는 것을 알게 되었다.

형부인 마쿠스 헤스키아 목사는 현재 목회하는 곳 말고 또 하나의 교회를 세우려고 한다는 것이다. 나는 나이제리아에서 교회를 세우는데 비용이 얼마나 되는지 물어보았다. 집으로 돌아와 기도를 시작했다. 하나님의 뜻이라면 우리 실로암 교회에서 그 비용을 보낼 수 있게 해달라고 간구했다.

몇 달 전에 러시아 선교사 한 가족을 스페인에 휴가를 보내게 되어 돈이 바닥이 났지만 하나님께서 도우실 것이라는 생각이 들었다. 기도할 때 마음이 뜨거워지는 것으로 보아 나와 우리 교회를 통하여 나이제리아에 교회를 세우는 것이 하나님의 기뻐하시는 뜻이라는 확신이 들었다. 밤낮으로 부르짖어 기도했더니 마침내 건축 헌금을 보낼 수 있게 되었다. 비록 세 번에 걸쳐 나누어 보냈지만…

얼마 후 나이제리아로 돌아갔던 글로리아 수녀에게서 연락이 왔다.

보내준 헌금보다 비용이 더 든다고 하면서 조금만 더 도와주었으면 좋겠다는 것이다. 힘껏 도왔다. 그 후 얼마 안 되어 아름답게 지은 예배당 사진을 보내왔다.

아프리카 영혼들을 위하여 네 손을 펴라

하나님께서 나이제리아 간호사들을 만나게 하신 뜻이 있었다. 하나님께서 어떤 문을 여실 때에는 들어가라고 하시는 것이므로 우리가 순종하면 그 다음에 행할 바를 알려 주신다. 글로리아 수녀를 통하여 나이제리아에 교회를 세운 후 4년 쯤 지났을 때, 하나님께서 가나에서 온 선교사를 만나게 해 주셨다.

우리 실로암 교회와 아프리카 교회가 연합하여 독일어로 예배드리기 시작했다. 외지 선교사와의 협력목회가 이루어졌다. 그 무렵에 러시아와 우크라이나에 선교하면서도 현지 선교사들과 기도로 협력하고 있었다. 하나님의 관심은 잃어버린 영혼들에 있다. 잃은 양 하나가 어찌 되었는지, 위험을 당하여 고통하고 있는지 근심하며 이름을 부르면서 온 계곡과 들판을 찾아 헤매는 목자의 심정이다.

선교란 결국 잃어버린 영혼에 대한 하나님의 고통을 덜어드리는 것이다. 하나님께서는 내가 그분과 동일한 관심을 가지기를 원하신다.

하나님께서 아프리카 선교를 위해서 나를 앞으로 어떻게 쓰실지 지금은 가늠할 수 없다. 하나님이 소원하신다면 나는 항상 순종할 준비가 되어 있다. 우리가 순종할 때 하나님의 능력이 우리에게 나타나고 그의 뜻을 드러내신다. 그래서 나는 늘 이렇게 기도하고 있다.

"하나님 아버지, 나에게 성령님의 능력과 권세를 주세요. 능력이 없으면 나는 아무짝에도 쓸 데 없는 사람일뿐이에요. 주님께 불순종했던 것을 용서해 주세요. 제 앞가림도 못하면서 내 힘으로 무엇인가 해보려 했던 어리석은 저를 용서해 주세요."

"하나님을 간절히 찾는 마음을 주세요. 하나님의 음성을 들려주세요. 아브라함은 하나님께 순종을 잘하여 하나님의 친구라고 하셨는데, 저에게도 순종의 삶을 가르쳐 주세요. 하나님 아버지와 더 깊고 친밀한 관계가 되기를 원합니다. 나도 다윗처럼 주님의 마음에 합한 자가 되기를 원합니다."

이렇게 소원하면 소원을 따라 일하시는 하나님께서 아프리카 선교의 길을 활짝 열어주실 날을 기다리며 성령께서 시키시는 일이라면 작은 일이라도 큰일처럼 생각하고 감당한다. 하나님은 우리가 작은 일에 충성하는 모습을 보시고 보다 더 큰일을 맡기시기 때문이다(마 25:23).

나와 팀 사역으로 동역하는 가나 선교사가 긴급하게 재정이 필요하다는 말을 들었다. 필요에는 반드시 채움이 있다는 것을 경험하여 알고 있는 나는 비어있는 곳간을 채워달라고 기도했다. 하나님은 언제나 우리의 생각을 뛰어넘어 일하신다. 내가 아는 분에게서 전화가 왔다. 뜬금없는 전화는 하나님께서 도울 자를 예비해 두셨다는 신호와 같았다.

어느 분이 나의 기도를 받기를 원한다는 내용이었다. 전혀 일면식이 없는 사람이었다. 나는 약속한 날 그의 집으로 가면서 하나님께 간절히 기도했다. 이상한 일이 일어났다. 나의 눈에서 계속 눈물 줄기가 쉬지 않고 흘러내렸다. 그는 지금 분명히 어려움을 당하고 있었다. 그것이 나에게 전이되어온 것이었다.

"제가 그의 아픔을 어떻게 위로할지 모르겠어요. 성령님께서 친히 인도해 주세요."

기도를 마쳤을 때, 한 번 더 와주실 수 있느냐고 물었다. 나의 일정이 꽉 차 있어서 확실하게 약속 시간을 잡을 수도 없지만 그의 간절한 요구를 뿌리칠 수도 없어 성령님께 가만히 여쭈었다. 한 주간이 지난 후 그의 집에 두 번째로 방문했다. 그날은 만남은 예배로 드렸다. 그는 나에게 봉투 하나를 내밀었다. 큰 돈으로 느껴졌다.

"이제 두 번째 만남인데 어떻게 이리도 큰돈을 하나님께 드릴 수 있을까?"

이런 생각을 하면서 하나님께 감사기도를 드리고 그를 축복하고 돌아왔다. 그의 헌금은 익명으로 해달라고 부탁을 받았다. 지금까지 나는 그렇게 큰돈을 받아본 적이 없었다. 집에 들어오자마자 가나 선교사에게 전화를 걸었다. 지금 속히 선교헌금을 가져가라고. 얼마나 마음의 고통이 컸으면 이 여종의 기도를 받기를 원했을까?

하나님께서 그의 형편을 알고 계셨다. 하나님께서 그의 마음을 평강으로 인도해주셨기 때문에 감사하여 헌금을 드린 것이다. 나는 가나에 실로암 선교센터와 신학교를 세울 비전을 가지고 있다. 하나님의 때가 이르면 나이제리아에 세운 교회도, 가나에 세워질 신학교도 보게 될 것이다.

결코 놓쳐서는 안 될 것들

나이제리아 선교의 문을 여셨던 2001년 한 해 동안 하나님께서는 나에게 많은 일감을 주셨다. 복음과 선교를 위해서 나의 손을 펴서 다 드리면 하나님께서 다시 채워 주셨다. 병원에서 근무하여 받은 보수는 하나님께 돌려드리는 것은 당연했다. 하나님께서 나에게 건강 주시고 좋은 직장 주셨으니 주신 건강과 직업에 감사하여 하나님께 드리기를 원했다.

손에 쥐고 있으면 하나님께서 내 손에 주고 싶은 것을 주실 수 없을 것이다. 나는 하나님께 부르심에 순종하여 영원한 것을 위하여 영원하지 않은 이 세상의 것을 바쳐 드릴 것이다. '아우카 부족에게 복음을 전하기 위해 내 한 생명 기꺼이 바치겠다.' 며 네 명의 친구들과 함께 남아메리카 에콰도르의 인디언 아우카 부족을 향해 떠났던 짐 엘리어트 선교사, 그는 아우카 족에게 가면 죽을 것이라는 것을 알고 있었다.

그때까지 아우카 족에게 가서 살아남은 사람은 단 한 명도 없었던 것이다. 남미에서 복음에 대하여 가장 호전적인 부족이었다.

그는 친구들과 함께 산산조각의 시체가 되고 말았다. 그의 일기장에는 이런 글귀가 적혀 있었다.

"오 하나님, 주님 앞에 서는 날, 나를 구원하신 주님 앞에 부끄러움 없이 결산하기를 원합니다. 부족한 나를 인도하시는 주님을 의지하며 나를 부르신 소명 앞에 최선을 다하겠습니다. 놓쳐서는 안 될 것을 위하여 결코 끝까지 붙들 수 없는 그것을 바치겠습니다."

예수님이 하나님 아버지에게 순종하심으로 십자가에서 죽으신 것처럼 짐 엘리어트 선교사는 생명을 바쳐 순종의 극치를 보여주었다. 나도 역시 하나님 앞에서 순종할 뿐이었다. 성령님께서 가라면 가고, 멈추라면 멈출 것이다. 주라면 주고, 받으라고 하시면 받을 것이다.

아름다운 휴양지 스페인 알리칸테

두 번째 러시아 선교의 기회를 하나님께서 허락해 주셨다. 2002년 여름이었다. 우리가 타고 다닌 선교사의 차는 정말이지 고물이었다. 자주 고장이 나서 고치는 동안 쉬기가 일쑤였다.

더 이상 고칠 수 없게 되자 우리는 거의 두 주간동안 걸어서 여러 교회들을 찾아가 말씀을 전했다. 러시아에서 돌아온 후, 나와 함께 러시아 선교에 동행했던 여 집사가 저금한 것을 다 털어 차를 구입하라고 헌금을 보냈다. 선교에 한번 참가한 사람이라면 누구나 고생하는 선교사들을 위해 무엇인가 해주고 싶은 생각이 일어난다.

그들의 인내와 수고를 직접 목격할 때 성령님께서 마음에 감동을 일으키시는 것이다. 선교지에 갈 때마다 항상 깨닫는 것은, 주님의 사랑이 아니면 이 일을 감당할 수 없다는 것이다. 그래서 그들을 위해 더 많이 기도하고, 나를 대신하여 복음을 전하는 일에 정성을 다해 물질을 보내는 것이다. 나는 러시아에서 피곤하고 지친 선교사 부부를 만나게 되었다.

그들의 모습에서 무엇인가 도움이 필요하다는 것을 느낄 수 있었다. 우리는 기도 동역자가 되기로 했다. 선교사역에서 물질도 중요하지만 기도의 역군들이 더 필요하다. 후방에서 선교사를 위해 기도할 때 그들은 힘과 용기를 얻을 것이며, 복음을 전하는 현장에서 사람들의 마음을 열게 될 것이다. 우리가 그들을 위해 기도할 때 그들의 필요를 알게 된다.

그분들의 두 딸들은 아직 어린 나이인데 베른에서 방을 얻어 자취하며 학교에 다니고 있다고 한다. 부모와 자녀가 서로 떨어져서 살 수밖에 없는 환경, 서로가 보고 싶은 심정을 억제하면서 사명에 충실하고 있었다. 나는 좋은 환경에서 지내고 있는데 그들은 너무도 힘들게 살고 있었다.

하나님께서 그들의 수고를 얼마나 귀하게 보실까?

그리고 얼마나 큰 상을 예비하셨을까?

한편으로 은근히 부럽기도 했다. 나는 성령님께 내가 어떻게 그들을 도울 수 있을지 물었다. 무엇보다 그들을 잠시라도 일에서 떠나 쉬게 해주고 싶었다. 스페인에 그 부부 선교사가 쉴만한 곳이 있다는 것을 성령께서 생각나게 해주시면서 그리로 보내면 되겠다는 마음도 주셨다.

스페인에는 집을 사서 휴양지로 쓰는 지인이 있었다. 나는 즉시 그 집의 여주인 정 집사에게 전화로 의향을 물었다. 선교사 가족들을 자기 집에 모실 수 있다는 것이 더 없이 기쁜 일이라고 좋아했다. 정집사의 친정은 믿음의 가정이다. 어머니는 권사이고 오빠는 목사이다. 러시아로 전화를 걸어 일단 독일의 우리 집으로 오라고 했다.

비행기 티켓을 구입할 형편이 안 된다고 해서 빌려서라도 오면 물어주겠다고 했다. 말은 그토록 자신 있게 했어도 수중에는 돈이 없었다. 비행기 값은 물론이고 선교사 가족들이 스페인에서 세 주간 동안 지낼 생활비를 마련하지 않으면 안 되었다. 성령님께서 이 계획의 주체이시니 책임지셔야 한다고 나는 당당하게 요청을 드렸다.

성령님은 신실하신 하나님이셨다. 마침 딸들도 올 수 있다고 하여 온 식구가 만날 수 있게 되었다. 반가운 상봉이었다. 선교사 가족은 서로 얼마 만에 만나게 되는 것이냐며 울먹거렸다. 참 좋은 일을 했다는 생각에 마음이 뿌듯했다. 나는 항상 시간에 쫓기고 있고 물질도 넉넉하지 않았다. 그러나 나는 시간이나 물질에서 궁핍의식이 전혀 없었다. 아버지의 일을 하고 있으니 아버지가 제때에 공급하실 줄을 믿었다.

하지만 때로는 고달프다. 피곤하여 지치기도 한다. 이런 일을 할 때마다 마음고생이 이만저만이 아니다. 그래도 그들에게 도움이 되었다면 나는 그것으로 만족할 수 있었다. 그것이 내가 사는 행복이고 사는 맛이다. 2월 초순부터 3주간 동안 그 선교사의 가족들은 스페인 알리칸테에서 휴식을 즐겼다.

알리칸테는 스페인 남동부 해안에 자리 잡은 휴양도시이며 항구도시이다. 지중해 연안이라 연평균 온화한 기온이어서 유럽인들의 겨울휴양지로 인기가 있다. 나는 독일에서 살긴 해도 알리칸테와 같은 아름다운 곳으로 쉬러 갈만한 여유가 없다.

나보다도 더 지쳐 안식이 필요한 사람을 보내는 것이 즐겁다. 나를 통해서 그들의 수고와 눈물을 성령께서 위로 해주신 것이다. 넉넉하지는 못해도 그들이 쉴 수 있는 비용을 주고도 약간의 돈이 남았다. 팩스와 전화 겸용이 필요하다고 한다.

하나님께서는 넉넉한 사람을 통해서가 아니라 부족하고 모자라는 사람을 통해서 공급하신다. 아마도 넉넉한 사람이 다른 사람에게 필요한 것을 공급한다면 자기 것을 가지고 도왔다고 생각하고 교만해 질 수 있다. 그러나 하나님께서는 넉넉하지 못한 사람을 통하여 공급하심으로 그의 부요함과 지혜를 보여주시는 것이다.

"지혜 있는 자들은 이러한 일들을 지켜보고 여호와의 인자하심을 깨달으리로다."(시 107:43)

러시아 선교사 가족들은 새 힘을 얻었다며 감사하면서 돌아갔다. 그들의 활짝 핀 얼굴과 웃는 모습이 아직도 내 눈에서 아른거린다. 그 후 나는 매년 두 주간 가량 휴가를 내고 러시아에 가서 복음을 전할 수 있었다. 선교지를 방문하여 얻은 경험들이 쌓여갔다.

8
없는 것을 있는 것처럼 부르시는 하나님

신학교를 세워라, 내가 다 책임질테니

하나님께서는 나의 현재의 모습 그대로를 사랑하고 계신다. 나는 하나님께 특별한 존재인 것임이 분명하다. 나를 일으켜 세워 쓰시는 것으로 느낄 수 있다. 나를 사용하시는 것은, 내게 어떤 탁월한 장점이 있기 때문이 아니었다. 단지 나를 사랑하시기 때문이다. 그래서 나는 울어도 눈물로서 그 사랑을 갚을 길이 없다.

지난 세월동안 인생의 굽이굽이마다 나를 지켜 주셨던 주님이셨다. 슬픔으로 흘리던 나의 눈물을 닦아 주셨던 주님이셨다. 내가 주님을 높여야 하는데 오히려 쓸모없는 나를 일으켜 세워 나를 높이셨다.

그래서 가스펠 '주께서 날 세우시네'는 나의 가슴에 더욱 감동으로 다가온다.

내 영혼이 힘들고 지칠 때
괴로움이 밀려와 나의 마음을 무겁게 할 때
주님께서 다가와 내 곁에 머무실 때까지
나는 이곳에서 조용히 주님을 기다립니다.

주께서 나를 세워주시기에
나는 산에 우뚝 설 수 있고
주님이 나를 세워주시기에
나는 폭풍우 몰아치는 바다도 건널 수 있답니다.

주님의 어깨에 기댈 때 난 두려울 것이 없어요.
주님은 나를 일으켜 세워
나보다 더 큰 내가 되게 하니까요

내가 두 번째로 러시아에 방문했을 때 함께 동행 했던 여 집사가 있었다. 그분이 어느 날 느닷없이 신학공부를 해야겠다고 하여 내가 속한 한국의 총회에 청원서를 보내고 총장과 상의를 했다.

나는 이 일을 가지고 엎드려 기도했다.

"잘됐구나! 그럼, 한국어로 수업하는 신학교를 세워라."

그리하여 실로암 장로회 신학교 한국어부가 시작되었다. 한국어부 신학교는 거의 나 혼자서 전체 수업을 하다시피 했고, 해마다 졸업자들을 배출했다. 내가 하려는 것보다 주님께 의탁하는 것이 더 쉬웠다. 믿는 자에게는 불순종보다 순종이 더 쉽다는 것을 깨달았다. 그러면서 이런 하나님을 왜 더 잘 믿지 않았는지 기도할 때마다 회개했다.

2005년에 접어들었을 때, 성령님께서 독일어로 수업하는 신학교를 세우라고 하셨다. 독일인들과 독일에 거주하는 외국인들을 목회자로 양성하신다는 것이다. 기도 중에 받은 말씀으로 온 몸이 불같이 뜨거워졌다. 거역할 수 없는 강한 힘이 역사하고 있었다. 그러나 음성은 부드러웠다.

나는 또 하나의 신학교를 설립하고 운영할 준비가 되어 있지 않았다. 기도하려고 무릎을 꿇는 순간 주님께서 그 일을 재촉하셨다. 정말 막막했다. 어디서부터 시작해야 할지도 몰랐다.

"주님, 새로운 학교를 세울 수 있도록 준비 된 것이 없어요. 독일어로 된 신학 서적도 없어요. 누구를 강사로 초빙해야 할지도 모르고, 수업할만한 교실도 없고 학생들도 없어요."

이렇게 하소연하고 있을 때 '나는 없는 것에서 있게 만드는 하나님이다.' 라는 것을 상기시켜 주셨다.

"아무 것도 염려하지 말고 니가 어디로 가든지 신학교를 연다고 말하고 다녀라."

돌아다니면서 소문내고 다니라는 말씀이었다.

"아직 신학교를 열만한 환경이 아니었고, 준비도 되지 않았는데 광고부터 하고 다니라니. 그렇지! 하나님은 없는 것을 있는 것으로 부르시는 분이 아닌가?"

나는 아브라함의 믿음을 생각했다. 어느 날 하나님께서 아브람에게 말씀하셨다.

"너는 이제부터 아브람이 아니라 아브라함이다. 모든 나라의 아버지다. 너의 아내는 이제부터 사래가 아니라 사라이다. 모든 나라의 어머니다. 셀 수 없이 많은 자식을 가진 어머니다."

아브라함이 사라를 부를 때마다 사람들은 비웃었을 것이다.

"다 늙은 여자가 모든 나라의 어머니라고? 자식 하나 없는데 모든 나라의 아버지라고? 얼마나 자식을 갖고 싶으면 저렇게 미쳐가지? 참 안됐어!"

일 년 내내 그 부부는 서로의 이름을 그렇게 불렀다. 하나님이 말씀하신대로 믿고 불렀다. 이것이 하나님의 원리이다. 성령께서 나에게 몇 월 몇 일 신학교를 연다고 광고하고 다니라는 것은 바로 그와 같은 원리였던 것이다. 아직 눈에 안 보여도 있는 것처럼 말하라는 것이다.

"하나님은 죽은 자를 살리시며 없는 것을 있는 것으로 부르시는 이시니라."(롬 4:17)

하나님의 창조의 법칙은 정말 흥미롭다. 없는 것을 있는 것처럼 부르면 생긴다는 것이다. 신학교 개교 날짜를 정해놓고 그날 시작한다고 외치고 다니라는 것이다. 자기 가정을 축복의 가정이라고 부르면 축복의 가정이 된다는 것이며, 자녀를 축복의 자녀로 부르면 축복의 자녀가 된다는 것이다. 자기 사업을 번창하는 회사로 부르면 번창하는 회사가 된다는 것이다. 얼마나 놀라운 하나님이신가?

하나님께서는 나에게 아브라함의 순종의 원리를 적용하라는 것이다. 나는 2006년 3월 18일로 개교 날짜를 못 박아 놓고 먼저 금식기도를 시작했다.

"주님, 저는 순종만 하겠어요. 성령님께서 계획하신 일이니 다 이루실 줄 믿어요."

독일어 신학교 개교는 결코 취소할 수 없는 하나님의 계획이었다. 순종하지 않으면 큰 화가 미칠 것이라고 생각했다. 나는 사람들에게 알리고 다녔다. 반면 하나님께서도 필요한 모든 것을 공급하실 준비를 하고 계셨다. 개교하기 전에 하나님께서 장소를 주셨다. 개교하는 날, 강사로는 독일교회에 목사들 다섯에 학생은 네 명이나 되었다.

책들은 독일 목사님들이 준비했다. 하나님이 하시는 일이었다. 독일에서 이와 같은 수확을 하게 된 것은 기적이었다. 일곱 분의 후원자가 각각의 학생을 후원하겠다고 나섰다. 그날의 개교식은 하나님께서 여기까지 인도하신 것을 감사하는 예배가 되었다. 오직 믿음이다. 믿음만 있으면 하나님이 행하시는 것이다.

“예수께서 그들에게 대답하여 이르시되 하나님을 믿으라. 내가 진실로 너희에게 이르노니 누구든지 이 산더러 들리어 바다에 던져지라 하며 그 말하는 것이 이루어질 줄 믿고 마음에 의심하지 아니하면 그대로 되리라 그러므로 내가 너희에게 말하노니 무엇이든지 기도하고 구하는 것은 받은 줄로 믿으라 그리하면 너희에게 그대로 되리라.” (막 11:22~24)

처음 신학교를 설립하라고 하셨을 때,

“아무 것도 없는데 뭘 어떻게 하겠어요?”라며 내게 너무 어려운 일을 시키신다고 푸념조로 말대답을 했었다. 이때 성령님께서는 “태초에 하나님이 천지를 창조하시니라”(창 1:1)는 말씀을 주셨다.

“그럼. 맞지요. 아무 것도 없었던 흑암과 혼돈가운데서 하나님께서 오직 말씀으로 빛을 창조하시고 만유를 있게 만드셨지요. 하지만 하나님은 하실 수 있어도 나는 안돼요.”

이토록 불충한 여종이었다. 기도로 요구할 때에는 나의 이성과 능력을 넘어서야 한다. 세상과 그 가운데 있는 만물과 인간을 지으신 전능하신 하나님께 간구하는데 인간의 생각이 기준이 되어서는 안 될 것이다.

"당신의 능력에 맞는 일만 골라 하지 말고 하나님의 일에 맞는 능력을 달라고 기도하라."

미국의 저명한 설교가 필립 브룩스의 말이다. 그때 나는 나의 연약한 믿음과 생각들을 철저하게 회개했다.

'전능하신 나의 주 하나님은' 나에게 믿음을 충만하게 해 준다.

전능하신 주 하나님은 능치 못하실 일이 전혀 없네
우리의 모든 간구도 우리의 모든 생각도
우리의 모든 꿈과 소망도
신실하신 나의 하나님은 우리의 모든 괴로움을 바꿀 수 있네

불가능한일 행하시고 죽은 자를 일으키시니
그를 이길 자 아무도 없네
주의 말씀 의지하여 깊은 곳에 그물 던져
오늘 그가 놀라운 일을 이루시는 것 보라

주의 말씀 의지하여 믿음으로 그물 던져
오늘 그가 놀라운 일을 이루시는 것 보라

주의 말씀 의지하여 믿음으로 그물 던져
믿는 자에게 능치 못함 없네

독일어 신학교를 세운지 일 년이 지났을 때 후원자들은 더 이상 지원하기가 어렵게 되었다고 빠져 나갔다. 앞이 캄캄했다. 기도 외에는 다른 방도가 없으므로 하나님께 매달렸다. 사태를 전환시키는 것은 기도뿐이었다.

" 신학생들에게서 등록금을 조금씩만 더 받으면 되지 않겠니?"

성령님께서 주신 생각을 가지고 신학생들에게 상황을 설명해 주었다. 그들은 조금씩 더 낼 수 있다고 하면서 여기서 배우는 신학이 목회에 많은 유익을 주고 있다고 했다. 하나님은 기도 가운데서 나를 통하여 전 세계에 더 많은 신학교를 세워가겠다고 말씀하셨다.

나는 모르고 있었지만 하나님께서는 인도에 신학교를 세우실 계획을 진행하고 계셨다. 아프리카에도 어떤 형태로든지 신학교가 세워질 것이다. 하나님께서 나의 기도와 순종의 열매로 주실 것이다.

내조하는 남편, 하버드 대학교 박사과정의 아들

실로암 장로회 신학교 독일어부 개교를 며칠 앞두고 나의 남편이 전립선 암 수술을 받게 되었다. 남편은 59살이 되어 정년퇴직을 한 후부터 내가 자유롭게 주님의 일을 할 수 있도록 집안 살림을 맡아 주었다. 남편은 내 사역에 충실한 동역자였다. 남편은 심장도 좋지 않았고, 암은 임파선으로 퍼질 가능성이 있어서 의사들을 긴장하게 만들었다.

비뇨기과 의사는 내 남편이 앞으로 5년 정도 살 수 있을 것이라고 진단했고, 외과의사는 2년 정도로 진단하고 있었다. 수술 후에도 3주에 한번 씩은 약물치료를 받아야 한다는 것이다. 그러면 내가 살림을 다시 맡아야 하는데 심방은 언제 하고 선교는 언제 한단 말인가?

남편이 나의 발목을 잡게 되는 것이다. 나로서는 매우 심각했다. 나는 죽으면 죽으리라고 각오하고 물만 마시면서 금식기도를 시작했다. 남편을 살려 주시면 신학교를 하고, 그렇지 않으면 하지 않겠다고 고집을 부렸다.

전에는 목사님이 오셔서 남편을 위하여 기도해 준다거나, 내가 손을 얹고 기도해 준다고 하면 얼굴을 찡그리던 사람이 오히려 기도를 원하게 되었다. 병원에서 사투를 벌이는 동안 내 남편의 신앙은 굳건해져 갔다. '높은 파도는 강한 뱃사공을 만든다.'는 말은 내 남편에게도, 나에게도 맞는 말이었다. 하나님께서는 내가 얼마나 바쁘게 일해야 할지를 알고 계셨다.

결국 하나님은 남편을 회복시켜 주시고 다시 집안 살림에 내조할 수 있게 해주었다. 나는 주님의 일을 하기 위해 시간을 더 내고 싶었다. 그러려면 나의 근무시간을 줄여나가는 수밖에 없었다. 중환자 병동에서 근무하므로 환자들을 침대에 올리기도 하고 내리기도 하고, 식사할 때마다 일으켜 앉히는 등 연약한 몸으로 버겁고 허리도 아팠다.

남편의 연금으로 생계를 꾸려간다고 하지만 주님의 복음 사역에 돈이 더 필요했다. 병원근무가 힘들다고 그만 둘 수 없으므로 한 달에 4일을 근무할 수 있게 해달라고 요청했다. 마침내 주님의 일에 시간을 더 많이 할애할 수 있게 되었다. 남편의 음식 솜씨도 점점 나아졌다. 내가 소소한 집안 살림에 신경 쓰지 않게 되었다.

오랫동안 집을 비워도 남편은 내 몫까지 거뜬히 처리하고 있었다. 내 남편은 하늘나라에 가서 주님으로부터 많은 상급을 받게 될 것이다. 이참에 내 아들들에 관하여 이야기하고 싶다. 이미 쓴 대로 아들만 셋이다. 내 동생의 자녀를 입양한 딸이 하나 있다. 두 아들은 대학교에 다니고 있다.

그중에서 둘째 아들 얘기를 먼저 하려고 한다. 독일에서는 초등학교 4학년을 마치고 5년째에 고등학교에 들어간다. 고등학교를 졸업하고 예비고사를 거쳐 대학에 입학하는데 둘째 아들은 초등학교 때부터 독일어 실력이 부족했다. 그 실력으로 학과를 따라가기가 힘에 부칠 것 같아 남편과 상의하여 유급을 시켰다.

주일 예배 후에 있는 친교시간에 커피를 마시면서 둘째 아들 얘기를 했다. 어머니로서 아들의 모자라는 실력을 드러내는 것은 창피한 일이었지만 기도하는 중에 성령님께서 그 일을 통해서 영광 받으시겠다고 하셨다. 그리고 아무 것도 염려하지 말고 다 주께 맡기라고 하셨다. 내 아들에 관해서 주님의 뜻과 계획이 있다고 하셨다. 나는 믿음으로 '아멘' 하면서 마리아처럼 ' 말씀대로 내게 이루어지이다.'(눅 1:37) 라고 말씀 드렸다.

내 아들을 책임지시겠다는 주님의 보살핌에 감격하여 감사헌금을 드렸다. 마침내 둘째는 고등학교를 졸업하고 원하는 대학의 학과에 입학했다. 유급을 당한 아이가 원하는 대학에 붙으니 얼마나 감사한지 몰랐다. 하나님의 하시는 일이었다. 내가 보기에도 공부를 열심히 했다. 내 아들은 어린 시절, 초등학교에 다닐 때 실패를 맛보았다. 어린 가슴에 상처를 입었으니 얼마나 상심이 컸겠는가?

열등감도 있었을 것이며 좌절감도 있었을 것이다. 그러나 이 아이는 달랐다. 실패 후에 이전보다 더 열심히 노력하겠다는 도전의식이 있었다. 기도하는 자녀였기 때문이다. 하나님께서 내 아이들을 위하여 놀라운 계획을 가지고 있다는 것을 의심하지 않는다.

둘째가 다니는 대학교에서 일 년 기간의 실습으로 스코틀랜드 대학교나 미국 하버드 대학교 중에서 하나를 선택하라고 했다고 한다. 성적이 그 만큼 좋아졌던 것이다. 기왕에 선택의 자유가 주어졌다면 세계에서 가장 좋은 대학으로 이름난 하버드 대학교로 가면 좋을 것 같았다. 그러나 하버드를 선택한다고 곧바로 갈 수 있는 것이 아니었다. 여러 관문을 통과해야만 했다. 결국 남학생 한 명, 여학생 한 명이 뽑혔다.

그중에 한 사람이 바로 내 아들이었다. 초등학교 시절에 유급된 것이 생각났다.

"할렐루야, 주님을 찬양합니다. 주님께서는 꼭 약속을 지키시는군요. 성령님, 고마워요."

내가 바빠서 자녀들을 잘 돌봐주지 못한 것을 이해하시고 나를 대신하여 자녀를 키워 주셨다. 내가 키우는 것보다 주님께서 하시면 이토록 놀라운 일이 벌어지는 것이다. 조급해 하지 말고 하나님의 때를 기다리면 하나님께서는 항상 좋은 것으로 예비해 주셨다.

둘째는 하버드에서 일년간의 석사과정 실습을 끝냈다. 여기서 또 비범하신 하나님의 개입이 있었다. 하버드 대학교 재생생물학 연구실에서 연구하면서 박사과정을 밟을 수 있게 허락했고 장학금도 올려주었다. 이 모든 것은 하나님이 계획하신 것이었다.

하나님께서는 사랑하는 자를 통해서 스스로 영광 받으실만한 일을 만들어 주신다. 큰 아들은 고등학교에 다닐 때 영국 사람보다 영어를 더 잘한다고 만점에 플러스를 더 받았다. 대학교에서 영문학과 저널리즘을 공부했다.

나는 하나님의 때가 되면 반드시 쓰시리라 기대하고 있다. 막내 아들은 대학원에서 영문학을 공부하고 있다. 미국 헤이스 대학교 장학금을 받고 미국에서 한 학기동안 연구도 했다. 하나님께서 기회를 주셨으니 하나님께서 쓰실 때를 기다리고 있다. 이 아들은 믿음도 좋아서 나의 선교사역의 후원자가 되었다. 실로암 선교센터에는 따로 직원이 없다. 내 자녀들이 자신의 재능대로 돕고 있다. 서류작성 · 번역 · 외국에서 오는 전화 받는 일 등…

내 자녀들이 나의 든든한 동역자를 넘어서 하나님의 동역자가 되기를 꿈꾸고 있다.

9
순종있는 곳에 주님의 계획있다

하나님께서 역사하시는 원칙

수술을 앞둔 환자가 "의사 선생님 살려주세요."라며 의사를 붙잡고 애원한들 의사가 소원을 들어줄 수 없다. 그러나 주님을 붙잡으면 살 길이 있다.

"살려주세요. 은혜 내려 주세요."라는 말을 주님께서는 특별히 기뻐하신다. 하나님께서 나를 통해 일하시는 것을 가만히 살펴보면 일정한 원칙이 있었다. 하나님께서는 내가 간구하기 전에 무엇이 필요한지 아시고(마 6:8) 예비하고 계신다. 그리고 나의 기도를 들으시고 나의 일에 개입하기 시작하신다.

다음으로 나의 회개와 믿음을 점검하신다. 그것은 하나님이 쓰기에 합당한 그릇으로 깨끗하게 되었는지, 그릇에 얼마나 채울 수 있는지를 보시는 것이다. 우리의 마음의 집에 큰 그릇도 있고 작은 그릇도 있고, 금 그릇이나 은그릇이 있어도 오직 깨끗한 그릇을 쓰시기 때문이며(딤후 2:20~21), 하나님께서 아무리 많이 퍼 담아 주고 싶어도 준비된 그릇 이상으로 줄 수 없기 때문이다.(왕하 4:6) 마지막으로 하나님께서는 환경을 바꿔주신다. 사태를 바꿔주기도 하시고 사람을 보내기도 하신다. 하나님은 질서의 하나님이시기에 원칙을 가지고 계시는 것이다.

우리가 하나님의 일하시는 방법을 제대로 터득한다면 하나님으로부터 더 많고 귀한 것들을 얻을 수 있다. 우리는 이미 하늘의 창고를 열수 있는 천국의 열쇠가 주어져 있는 것이다. 세상 모든 만물들이 하나님의 것이며 세상의 모든 부요와 권세가 하나님의 것이다. 하나님은 이 모든 것들을 그의 동역자와 함께 나누기를 원하신다.

"부와 귀가 주께로 말미암고 또 주는 만물의 주재가 되사 손에 권세와 능력이 있사오니 모든 사람을 크게 하심과 강하게 하심이 주의 손에 있나이다."(대상 29:12)

성령 하나님께서 신학교를 운영하시면서 나를 그의 손으로 사용하시니 운영에 필요한 것 때문에 내가 걱정할 필요가 없다. 미리서 하신 약속, "예수 그리스도의 이름으로 너희가 기도할 때에 무엇이든지 믿고 구한 것은 다 받으리라."(마 21:22)는 말씀에 의지하여 간구하는 것이 나의 일이다. 그러면 주님은 나에게 필요한 것을 때에 맞추어 공급해 주셨다. 죠지 뮬러는 사람에게 부탁하지 않고 오직 하나님께만 부탁을 드려 수많은 고아들을 먹여 살렸다. 사람에게 부탁하면 무안당하기 일쑤였다. 하늘의 창고를 여는 열쇠를 가진 하나님의 자녀가 평범한 사람 앞에 가서 사정얘기를 할 수는 없다.

간혹 나에게 기도를 부탁하러 오는 사람들이 있다. 그분들도 결핍된 것이 있어서 왔을 텐데 감사의 예물을 드리고 간다. 나가려하다가 몸을 돌려 다시 지갑을 열어 있는 것을 몽땅 바치고 간다. 성령께서 남김없이 드리고 가라고 하셨단다. 그들의 섬김을 하나님께서는 잊지 않으시며 갚아주신다는 것을 잘 알고 있다. 하나님께서 약속하셨기 때문이다.

"하나님은 불의하지 아니하사 너희 행위와 그의 이름을 위하여 나타낸 사랑으로 이미 성도를 섬긴 것과 이제도 섬기고 있는 것을 잊어버리지 아니하시느니라."(히 6:10)

인도에 신학교를 세워 100명의 사역자를 기르라

실로암 신학교 독일어부를 시작한 지 일 년이 지났을 때, 어느 날 기도하는 중에 하나님께서 인도에 신학교를 세우라고 하셨다. '내가 잘 못 들은 것이 아닐까?' 하며 또 기도했더니 똑같은 말씀을 하셨다. 앞으로 5년간 일백 명의 사역자를 키워내라고 하시며, 그들이 전 인도에 나가 복음을 전하게 될 것이라고 하셨다. 필요한 것들을 다 공급하겠다고 덧붙이셨다. 임무를 주시면서 그에 필요한 모든 능력·사람·환경·물질 등 모든 것을 다 주시겠다니…

나는 그 약속을 믿으면 되는 것이다. 하나님께서 아브라함을 믿음의 조상으로 세우기 위해 '지금까지 살아왔던 모든 터전을 두고 내가 네게 보여 줄 땅으로 가라'(창 12:1)고 하시는 말씀과 조금도 다르지 않았다. 하나님은 아브라함에게 어느 곳으로 가라는 목적지를 알려주지 않으셨던 것처럼, 인도에 신학교를 세우라는 말씀만 있지 구체적으로 어디에, 누구와 함께, 어떻게 하라는 지시는 없었다.

그러나 아브라함이 갈 바를 알지 못해도 순종하며 걸음을 내 딛었을 때, 하나님께서는 그의 순종을 보시고 한 걸음 한 걸음 인도해 주셨다. (히 11:8) 하나님께서 아브라함을 선택하고 부르시고 인도하시는 하나님의 원칙을 생각해 보았다. 하나님께서 그의 순종을 그의 의로 보셨다면 나 역시 순종할 것뿐이었다.(창 15:6)

우리 신학교에서 가르치고 있는 인도인 교수와 의논을 했다. 장소와 강사들을 비롯하여 커리큘럼을 짜서 다음해 1월에 개교하기로 했다. 신학교 개교 한 달을 앞두고 필요한 돈을 송금해야 하는데 내 손에 가진 것이 없었다.

하나님은 사람이나 환경을 통해서 일하시므로 이미 약속하신 바대로 필요한 모든 것들을 마련해 주실 것이다. 그 해 여름에 한국에 나갔을 때 경기도에 있는 보아스 선교센터 조규식 목사를 만난 적이 있었다.

그때 인도선교에 대해 대화를 나누던 중에 "기도하고 인도선교를 돕겠습니다."라고 했던 말씀이 생각났다. 하지만 인도에 신학교를 세울 날이 거의 다가왔는데도 응답이 없었다. 나는 선교사역을 위해서 누구에게나 무엇을 부탁하지 않는 성미였다. 나는 다만 그 일을 위해 기도할 뿐이며 나의 기도를 들으신 성령님께서 감동시켜 자발

적으로 참여하기를 바랐다. 날짜가 촉박했지만 나는 그분에게 전화를 하지 않았다. 부담이 될 것 같았기 때문이다. 인도인 교수가 우리 집에 와 있는 시각에 한국에서 전화가 걸려왔다. 인도 선교 후원비를 보낼 테니 계좌번호를 불러달라는 것이었다. 정말 놀라우신 주님이시다. 하나님의 시간표는 틀림없었다.

필요한 것을 다 구비해주시겠다는 약속을 지키셨다. 그날 하루 종일 '감사해요. 하나님!' 하며 속삭이며 다녔다. 마침내 인도에 신학교가 개교되었다. 2008년 1월이었다. 나는 그해 가을 생전 처음으로 인도에 갔다. 그때 신학교 설립과 운영을 후원하는 한국의 보아스 선교센터의 조규식 목사와 주영일 목사가 와서 상황을 둘러보았다. 하나님이 택하여 보내신 도움의 천사들이었다.

나는 보름동안 인도에 머물면서 강의도 하고 신학교 학장으로서 학사 행정을 점검했다. 어느 날 신학교의 전반적인 운영 책임을 맡은 목사가 나에게 한 장의 프린트 물을 내밀었다. 타밀어(인도 드라비다계의 민족어)로 되어 있어서 한 글자도 이해하지 못했다. 여기서 놀라운 일이 일어났다. 타밀어가 내 눈에 들어오더니 다 이해가 되는 것이었다.

인도 실로암 장로회 신학교 학장은 독일에서 나와 함께 사역하는 인도인 교수의 이름으로 되어 있었다. 내 이름도 거기에 없었고, 후원기관인 한국 보아스 선교센터도 없었다. 한마디로 그 사람 개인기관이 되었고 모든 시설도 그의 소유로 되어 있었다. 이때 성령님께서 용기를 주시며 이 문제를 수습하라고 하셨다. 나는 그를 불러 문제를 지적하면서 원상태로 돌라놓으라고 했다.

그렇게 하지 못한다면 이 학교를 없애버리겠다고 큰 소리를 쳤다. 그리고 곧장 짐을 챙겨 학교에서 나와 실무책임을 맡은 목사의 집으로 갔다. 거기에서 인도인 여자를 만났다. 성령께서 그 여자와 얘기를 해보라고 하셨다. 그녀는 현재 미혼이며 '체나이'라는 큰 도시에서 한국선교사가 세운 신학교에서 석사과정을 마친 후 이곳 공립학교 서무과에서 일했다고 한다.

그러나 그 일에 흥미를 느끼지 못하고 얼마 후에 그만 두었다는 것이다. 신학교를 운영해 볼 의향이 있느냐고 물었다. 맡겨만 주면 성실하게 일하겠다고 했다. 나는 그 여자와 손을 잡고 신학교를 계속하기로 했다. 그녀는 자기 동생이 대학교에 다니는데 학비를 도와주면 다른 일에 얽매이지 않고 성실하게 일하겠다고 했다.

그런데 인도의 관습으로 미혼의 여성이 기관 책임자로 일하는 것에 문제가 있다고 해서 그의 아버지를 선교사로 세우고 신학교에 입학시켜 신학교 운영을 돕게 했다. 그리하여 신학교는 체계를 갖추어가고 성장되어 갔다.

문제는 어디에나 있었다. 신학교에도....

인도에 신학교가 세워진 후 2년 쯤 지났을 때, 신학교 운영에 문제가 생기고 있었다. 행정을 맡고 있었던 여자도 결혼하게 되었다고 독일로 와버렸다.

나하고 한 마디 상의도 없이…

신학교의 총 책임자 역시 자신의 직무에 충실하지 않는 것으로 판단되었다. 아무래도 내 눈으로 똑똑히 확인해 봐야 할 것 같았다. 어렵사리 비행기 표를 마련하여 인도로 날아갔다. 신학교 실태를 파악하고 난 후, 더 이상 학교를 운영할 마음이 사라졌다. 그렇다고 그 일을 내 손에서 놓을 수는 없었다. 십자가에 달려 죽으신 주님을 생각하면 나 역시 십자가를 지고 갈 수밖에 없었다.

우선 운영진을 대대적으로 교체해야만 했다. 성령님의 생각을 알고 싶어 금식을 시작했다. 습기가 밴 높은 온도의 인도는 나를 매우 괴롭혔다. 낮에는 섭씨 45도까지 올라가고 밤에는 열대야로 잠을 제대로 이룰 수 없었다. 에어컨도 없었다. 하나 달랑 있는 선풍기는 찬바람이 나기는커녕 열기를 더 부채질하고 있었다.

하지만 성령께서 나에게 인도인들의 영혼을 뜨겁게 사랑하는 마음을 부어주셨다. 그들을 긍휼히 여기는 성령님의 뜨거운 마음을 내게 붙여 주신 것이다. 성령께서 포기하지 않으시는데 내가 무엇이라고 성령님보다 앞서서 포기할 수 있겠는가?

인도에 도착하자마자 성령께서는 신학교에 곧바로 보내지 않으시고 나를 고아원으로 보내셨다. 불쌍한 고아들이었지만 그들의 눈은 초롱초롱했다. 잠시 나는 생각에 잠겼다. 오래 전, 부모님이 돌아가신 후에 내 동생들과 함께 살아갈 거처가 없어 일시적으로 남동생을 고아원에 보냈었다. 비록 한시적으로 떨어져 있다고 해도 그 아이는 정말 외로웠을 것이다. 나는 인도의 고아원 아이들을 바라보았다. 외로운 기색이 보이지 않았다. 예수님이 그들을 사랑하고 있다는 것을 알고 있기 때문일 것이다.

예수님은 고아들의 아버지시니까. 고아원생들은 우리 일행들을 환영한다며 율동을 보여 주었다. 몇 아이들을 따로 모아 요셉이야기를 들려주며 격려했다.

“하나님을 잘 믿으면 요셉이 어려움을 견뎌내고 후에 국무총리가 된 것처럼 너희들의 장래도 축복해줄 거야.”

어린이들 하나하나를 껴안으며 축복하고 나서 돌아오는 길에 움막 같은 집에 들어갔다. 지붕은 코코스 야자 잎사귀들을 얼기설기 덮었고 바닥은 거적 대기였다. 비좁은 움막 안에는 많은 사람들이 앉아 있어서 비집고 들어갈 틈이 없었다. 나는 거기서 말씀을 전하고 한 사람 한 사람씩 기도해 주었다.

나의 온몸이 땀으로 흠뻑 젖었다. 성령께서 강하게 역사하셨다. 인도의 신학교에 당면한 문제를 해결해 달라고 기도에 매달렸다. 하나님께서 신학교를 정상적으로 가동시킬 수 있도록 새로운 사람을 붙여 주셨다. 사태는 수습되어 새로운 운영진으로 교체되었고, 3년 동안 운영비를 보내주기로 약속했다. 매달 후원비가 일정하지 않아 송금에 애로가 있어도 성령님께서 책임지겠다고 하셨으니 내가 걱정할 일이 아니었다.

모든 염려를 주님께 맡기면 염려는 이미 나로부터 떠난 것이다. 하나님의 일꾼들의 수고는 헛되지 않았다. 2010년 11월에 16명이 졸업장을 받았다. 나는 연신 눈물을 닦으면서 주님께서 행하시는 일에 감사했다. 매년 졸업생을 냈고, 올해 2014년 4월에도 졸업식을 하고 돌아왔다.

주님께서 나를 인내하게 만드셨기 때문에 이만한 열매를 맺은 것이다. 야고보를 통해서 '인내하는 자가 복되다'고 하신 말씀이 무슨 뜻인지 깨달을 수 있었다. 이 열매를 얻기 위하여 얼마나 많은 눈물을 흘렸는가?

"울며 씨를 뿌리러 나가는 자는 반드시 기쁨으로 그 곡식 단을 가지고 돌아오리로다." (시 126:6)

성령의 입술이 되어....

나는 체구도 외소하고 키도 보통 이하이다. 인물이나 지식도 내놓을 것이 없다. 영어실력도 별로이다. 선교지에서 통역 없이 하나님의 말씀을 전하기에는 역부족이었다. 러시아나 우크라이나에서는 고려인 통역자가 있어서 나는 한국말을 사용하면 되었다. 인도에서는 모자란 영어 실력에다 독일어를 붙여 내 방식대로 말한다. 그러나 하나님께서 나의 형편없는 영어실력을 알고 계셨기에 나에게 염려하지 말고 단에 서서 입을 열어 외치라고 하신다.

그러면서 경상도 사투리 발음으로

"니가 나이가 몇인데, 언제 배우겠느냐?"고 하신다.

성령님의 권유대로 나의 입을 열어 말은 하지만 전달이 제대로 되었는지는 모르겠다.

내가 말을 하고도 무슨 말인지 이해를 못할 정도이니…

말씀을 전하는 사이에 듣는 자들을 향해 "이해되었느냐?"고 간간히 물으면 다 이해한다고 대답한다. 성령께서 하라고 하시면 하면 되는 것이다. 순종하면 성령께서 나의 입이 되시고 그분이 해야 할 말을 내 입에 넣어주신다. 인도신학교에서 나의 강의 영어통역을 해 주는 '기티'라는 여자가 있다. 재봉틀 한 대만 사주면 여자들에게 재봉기술을 가르치겠다고 한다.

재봉틀 기술을 배우면 한 가족의 생계는 거뜬하다고 한다. 재봉틀 한 대를 사주었다. 이번에는 컴퓨터가 있어야겠다고 한다. 우리 신학교 학생들도 배울 필요가 있었다. 주님께서 허락해 주시면 재봉틀도 두 대 더 사고 컴퓨터를 살 것이다.

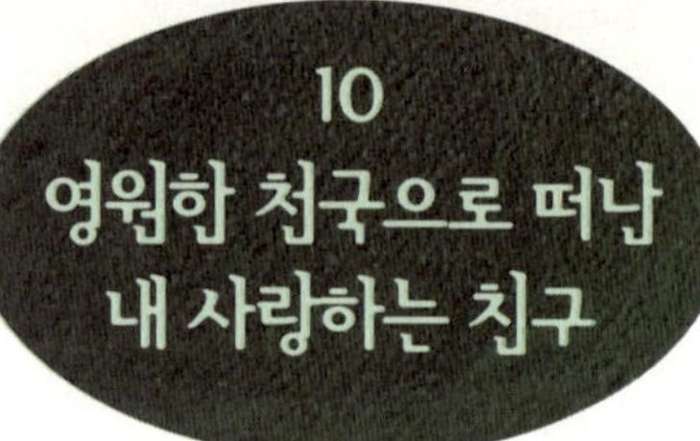

10 영원한 천국으로 떠난 내 사랑하는 친구

하나님의 눈으로 보는 내 친구의 죽음

나는 사랑하는 친구를 하늘나라로 떠나보냈다. 내 친구는 대장암으로 투병생활을 하다가 떠났다. 그녀는 우리나라가 어려운 시절에 나처럼 꿈을 가슴에 품고 낯선 땅 독일에 와서 인생의 대부분을 살다가 선교사로 부름을 받아 우크라이나에 가서 십년을 보냈다. 그녀는 독일에서 일하고 결혼하고 자녀를 낳고 나름의 행복을 찾았다. 그러나 세상은 그에게 만족을 주지 않았다.

하나님께서 그 부부를 선교사로 부르시고 영원한 행복과 만족을 주실 준비를 하셨다. 선교사의 삶은 행복했다. 하지만 그녀는 너무나도 궁핍했다. 하나님은 만물의 주인이시며 소유가 풍성한데 왜 그의 일군들은 가난해야 할까? 세상을 바라보지 말고 오직 하나님의 손길을 바라보라는 것일까! 그녀는 영적으로는 풍성했다. 그러나 육적으로는 항상 모자랐다.

그가 가진 것들은 모두 다 잃어버린 영혼을 찾는데 들어갔다. 자신과 가족들의 몫은 없었다. 그래서 그녀는 주님의 한없는 은혜 때문에 울고, 하나님을 모르고 사는 선교지의 불쌍한 영혼들을 위해서 울고, 어려움과 궁핍함 때문에 울었다. 그러나 그녀는 세상에서 가장 행복한 일을 택했다.

무엇이 그리도 즐거운지 항상 생글거리고 다니는 것을 보면 알 수 있다. 두 달에 한 번 씩 독일에 와서 병원근무를 하게 되어있는데 열흘 동안 밤낮을 가리지 않고 후딱 해치우고 임지로 떠났다. 독일 병원에 일하러 올 때 비행기를 타고 오면 얼마나 편하겠는가?

그러나 그는 꼬박 이틀이 걸리는 버스를 타고 국경을 넘어왔다. 이유는 값이 싸다는 것이다. 비좁은 버스 좌석에 50시간을 쪼그리고 앉아서 오는데 얼마나 힘들었을까? 골이 패인 길을 지나면서 버스는 얼마나 흔들거리며 몸부림을 쳤을까?

우크라이나로 돌아갈 때도 그녀는 여전히 버스를 이용했다. 하나님만 아시지 누가 그 고통을 알 수 있겠는가? 그의 열정은 아무도 따라갈 수 없었다. 선교사가 되기 전부터 그녀는 신학을 공부했다.

신학교에 다니기 위해 근무하던 병원에 사표를 내고 프랑크푸르트근처 비스바덴에서 직업을 얻어 이사를 했다. 신학교를 마친 그녀는 남편과 함께 상의했다. 금식기도를 하면서 선교지를 정한 곳이 우크라이나였다.

1996년 남편이 목사가 되어 먼저 우크라이나에 가서 교회를 개척하고 얼마 후에 그녀도 남편과 합류했다. 우리 실로암 교회에서 매달 선교비를 보내기로 작정했다. 그녀는 독일에 두 달에 한번 나와 병원에서 잠시 근무하고 들어갔으므로 만날 기회가 자주 있었다.

선교지에서 일어난 일들, 가슴 아픈 일들, 기도하여 응답받은 것들, 우리는 많은 간증들을 갖고 있었다. 어느 날 그녀는 주일학교 아이들의 교육에 TV와 비디오가 필요하다고 하면서 기도를 부탁했다. 나는 집근처 산책로를 걸으면서 하나님께 기도했다.

이 세상의 모든 것이 하나님의 것이니 내 친구가 선교지로 돌아갈 때까지 선교물품을 살 수 있는 돈을 달라고 기도했다. 한 시간 쯤 후에 집에 돌아왔는데 어디서 전화가 왔다고 아들이 알려주었다. 나를 위해 중보 기도하는 사역자들의 전화였다.

"성령님께서 김 목사님에게 긴급한 일이 생겼다고 하십니다."

"지금 우크라이나 교회 주일학교에 교육용 TV와 비디오 시스템이 필요하답니다. 함께 기도해 주세요."

성령님께서는 중보기도를 하는 사람들을 감동시켰다. 그들은 정성껏 돈을 모아 선교헌금으로 드렸다. 나는 기도에 응답받을 때마다 기쁨이 일어난다. "주께서 나의 기도를 사용하시는구나!" 하는 만족감이었다. 그러니 내 입술에서 감사와 찬양이 끊어지겠는가!

일만 달러 약정헌금에 축복하다

우크라이나에서 나의 친구 부부는 여러 지역에 교회를 개척했다. 그 나라는 광활하여 이 교회에서 저 교회로 옮겨 다니는데 너무 시간이 많이 걸렸다. 그 부부는 서로 떨어져 살면서 지역을 분담하기로 했다고 한다. 세례와 성찬 집례는 안수 받은 목사의 고유직무이다. 그녀는 신학교를 졸업했으나 목사안수를 받지 않아 세례와 성찬을 집례 할 수 없어서 애로를 호소해왔다. 내가 소속한 한국 총회의 노회에서 목사 안수를 받을 길을 열었다.

하지만 그녀는 비행기 값은 물론 안수에 소요되는 경비도 없었다. 나는 이 문제를 가지고 기도했다. 마침 스페인에 사는 정집사가 생각이 나서 그에게 전화를 했더니 필요한 경비를 보내겠다고 했다. 하나님은 이와 같이 미리미리 그의 사역자들에게 도움을 줄 수 있는 사람을 준비시켜 두신다.

2003년 6월에, 나는 우크라이나에 갔다. 그녀는 내가 올 때마다 한번이라도 더 하나님의 말씀을 증거할 수 있도록 일정을 짜고 성도들과 함께 기도로 준비했다. 친구 부부의 동역자 빅토르 목사가 목회하는 교회에 가서도 말씀을 전했다. 500여명이 모였다.

그 교회는 원래 남편 목사님이 개척하였고, 부목사로 훈련받은 빅토르 목사에게 교회를 넘겨주었다고 한다. 그 목사는 사도 바울의 선교원리를 따라 바르게 행하고 있었다. 다음날 아침 뜨겁게 찬양하면서 아침예배를 드리는데, 성령님께서 내 마음속에 친구 목사님의 교회를 위해 일만 달러의 헌금을 주라고 하셨다.

"저에게 그렇게 큰돈이 어디 있어요? 왜 나에게 주라고 하세요?" 성령님께 따지듯이 물었다. 하지만 내가 성령님께 공손하지 못했다는 것을 이내 깨달았다."

"성령님 죄송합니다. 내 작은 머리로 어찌 하나님의 뜻을 분별하겠어요? 죄송해요. 죄송해요."

나는 연신 죄송하다는 말밖에 드릴 수 없었다. 항상 가지고 다니는 빈 봉투를 꺼내어 '작정헌금 일만 달러'라고 써서 냈다. 거기에 있던 두 목사들이 놀라워하면서 축복기도를 해주었다. 나는 두 달 만에 성령님의 지시대로 일단달러를 헌금했다.

나에게 컴퓨터가 없는 것을 알게 된 한국의 어느 집사가 보낸 헌금까지 보탰다. 그때 다른 중고품을 쓰고 있었으므로 새것 사는 것을 서두를 필요가 없었다. 작정헌금을 드리고 나니 마음이 얼마나 가뿐한지 몰랐다. 그동안 빚을 지고 사는 것 같았다.

다시는 아픔도 이별도 없는 생명강가로

3년 전 그녀는 선교지에서 일하다가 쓰러졌다. 독일에 급히 나와 비스바덴 병원에 입원하여 검사해보니 대장암이었다. 담당의사는 수술을 결정했다.

생명은 하나님의 것이므로 모든 것을 다 내려놓고 하나님의 뜻을 기다리기로 했다. 첫 번째 수술 후, 그녀는 임지로 돌아갔다. 죽어도 선교지에서 죽겠다는 것이었다. 그러나 그의 몸은 점점 쇠약해져갔다. 그녀는 또 쓰러졌다. 그녀의 몸은 더 이상 힘든 사역을 감당할 수 없었던 것이다.

아픈 배를 움켜쥐고 50시간 동안 흔들거리는 버스를 타고 독일로 왔다. 그리고 그녀는 사랑하는 나라, 우크라이나로 다시는 돌아가지 못했다. 제 작년에 암이 전이되어 재수술을 받았다. 그녀가 퇴원한 후, 나는 비스바덴에 있는 그의 집으로 가서 일주일 남짓 간호를 해주었다. 그녀는 계속 누워있어야만 했고 예배드리는 것이 매일 매시간의 일과였다.

그녀는 선교지를 그리워하고 있었다. 한 순간도 잊을 수 없는 그녀의 푸른 목장, 양들도 목자를 애타게 기다리고 있었다. 몸은 독일에, 마음은 우크라이나에 가 있었다. 그녀는 고통을 참아내며 암과 싸우고 있었다. 그러면서 우크라이나의 잃어버린 영혼들을 위하여, 성도들을 위해 끊임없이 기도하고 있었다. 고통이 극심할 때 먹으라고 의사가 준 모르핀도 거절했다.

고통을 이기고 속히 선교지로 돌아가겠다는 것이다. 차마 그녀 앞에서 울 수가 없어 나는 화장실에 들어가 눈물을 쏟아냈다. 11월의 날씨는 쌀쌀했다. 늦가을의 잎사귀들은 마지막 가을비에 흠뻑 젖으면서 안간 힘을 다하여 나뭇가지를 붙들고 있었다. 이윽고 한 줄기 거센 바람이 불더니 마지막 낙엽이 떨어졌다. 그의 생명이 꺼지는 순간이었다.

그녀의 영혼은 하나님의 품으로 갔다. 그녀를 사랑하는 사람들의 눈물이 보석이 되어 어두운 대지를 향해 찬란한 빛을 발하고 있었다.

사랑하는 친구의 장례식을 내가 맡게 될 줄이야…
친구여, 사랑하는 내 친구여!
장하다. 육신의 무거운 장막을 벗어버리고 그대를 위하여 십자가에서 죽으신 주님께로 갔구나!

우리가 다시 만날 날이 얼마나 남지 않았다. 다시는 아픔도 슬픔도 죽음도 없는 생명나무 강가에서 만나자.
그대처럼 나의 달려갈 길을 다 마친 후에…

나의 친구, 의로운 선교사의 죽음 묵상

우리가 세상을 살아가는 동안 겪어야 시련들은 얼마나 많은가? 눈물이 메마르도록 가슴 아픈 슬픔과 이별이 끊이지 않는다. 하지만 우리를 찾아온 죽음은 우리를 영원한 안식과 온전한 평화가 있는 곳으로 우리를 데려가는 것이다.

어쩌면 죽음이란 우리를 훨씬 더 행복하고 안락한 곳으로 데려가기 위해 오는 주님의 심부름꾼이며 우리의 좋은 친구라고 말할 수 있다. 어떤 사람은 죽음을 이렇게도 묘사했다.

"한 아이가 친구들과 오후 늦게까지 놀고 있었다. 그런데 친구들은 이 아이를 학대하고 못살게 굴었다. 아이는 지치고 마음에 상처를 받는다. 그때 친절한 보모가 다가와 그를 집으로 데려가 따스한 침대에 눕히고 포근한 이불로 덮어준다. 이윽고 아이는 평화로운 잠속에 빠져든다."

죽음이란 바로 그 친절한 보모와 같다. 하나님께서 죽음을 이 땅에서 보내어 고통으로부터 구원하여 영원한 안식을 주시는 것이다.

"지금 이후로 주 안에서 죽는 자들은 복이 있도다 하시매 성령이 이르시되 그러하다 그들이 수고를 그치고 쉬리니 이는 그들의 행한 일이 따름이라 하시더라."(계 14:13)

"성도의 죽는 것을 여호와께서 귀중히 보시는도다."(시 116:15)

죽음이 결코 정다운 것은 아니다. 더구나 친구나 가족들이 고통하며 죽어가는 것을 곁에서 지켜본다는 것은 가슴 아픈 일이다.

주님께서 "성도의 죽는 것을 귀히 보신다."고 하셨다면 주님은 성도가 당하는 고통을 아시며 그가 내 쉰 숨결 하나하나와 그의 입술에서 새어나오는 신음을 듣고 계신다. 우리에게는 참기 어려운 슬픔이지만 하나님 보시기에 귀중한 것이다. 하나님이 내 친구 선교사를 데려가셨을 때 인간적으로 매우 슬프지 않을 수 없었다. 그러나 하나님의 입장에서 바라본다면 내 친구의 죽음은 사실은 사랑하는 이들에게 최상의 것이었다. 내 친구는 의롭게 죽었다.

오 주여, '나는 의인의 죽음을 죽기 원하며 나의 종말이 그와 같기를 바라노라"(민 23:10)는 말씀이 나의 진솔한 고백이 되게 하옵소서. 아멘.

에필로그
아름다운 동행

내가 책을 쓴다는 것은 가당치도 않다. 하지만 나는 이 책을 쓰지 않으면 안 될 사연이 있었다. 수년전에 기도하고 있을 때 성령님의 말씀을 들었다.

"사랑하는 나의 종아, 내가 너와 함께 이룬 일들을 책에 써라. 너의 책을 통하여 내가 영광 받고 싶구나!"

나의 삶을 한마디로 표현하자면 '하나님께 순종'이다. 순종이 없다면 나는 지렁이보다 못한 존재이다. 나는 20대에 내 삶에 변화를 기대하고, 또 사랑하는 동생들을 행복하게 해주고 싶은 마음으로 독일에 간호사로 지원했다. 그것이 꿈이라면 꿈이다.

그러나 하나님께서는 나를 과거와 전혀 다른 사람으로 쓰기를 작정하셨다. 나는 그것을 하나님의 꿈이라고 단언하고 있다. 나 같이 나약하고 못난 사람을 쓰자면 하나님께서는 나를 위한 꿈을 꾸고 그것을 실현하기 위해 과정을 준비하셨을 것이다. 하나님은 나에게 그의 꿈을 심어주기를 원하셨다.

마침내 나는 새로운 꿈을 꾸었고 하나님의 비전을 보았다. 이 모든 일은 성령님께서 맡아서 하셨다. 그 후로부터 성령님께서는 그의 계획하신 대로 나를 이끄셨다. 그리고 나를 통해서 그분의 열매들을 맺으셨다. 성령님께서는 바로 그것을 책으로 쓰라고 하신 것이다. 성령님 앞에서는 순종 외에는 다른 방법이 없다.

또한 순종하면 안 되는 것이 없게 하시는 분이다. 순종하면 두려울 것이 없다. 결국 시작했다. 성령님께서 지난날들의 기억들을 되살려 주셨으므로 나의 살아온 삶에서 성령께서 어떻게 개입하셨는가를 쓸 수 있었다. 성령님의 하시는 일은 참으로 신비롭다.

그는 탁월한 기획가이며 디자이너이시다. 하나님의 카이로스의 때가되면 그분이 원하시는 일을 할 수 있을만한 능력과 지혜와 사람을 보내 주신다. 이것들은 성령님과 동행하는 사람에게 주시는 선물이다. 그러므로 이 책은 성령의 작품이다.

사랑의 시인 용혜원 목사의 시 '그대가 가는 길이라면'으로 에필로그의 끝을 맺으려고 한다. 용혜원은 우리가 동행해야 할 주님을 '그대'라고 표현하여 더욱 친밀한 동행의 아름다움을 전하고 있다.

그대가 가는 길이라면 힘들고 지치더라도 가겠습니다
고통을 그대로 느끼고서야
행복이 찾아온다고 해도
그날이 눈물 나도록 기다려집니다.

사방 천지에 수많은 길이 널려있지만
그대가 없는 길이라면
그 길은 내가 갈 길이 아닙니다.

눈물에 젖고 헤매게 되더라도
험한 세파에 휩쓸려 아픔이 몰려오더라도
그대가 가는 길이라면
주춤거림 없이 따를 것입니다.

나는 순간순간
그대를 바라보며 기뻐할 것입니다.
가는 세월 등에 없고
꿈 하나씩 이루어간다면

지루하지도 서글프지도 않을 것입니다.
나는 그대 외에는 갈 곳이 없기에
그대를 통하여 나를 바라봅니다.

그대가 가는 길이라면
아주 먼 길이라 해도 따르겠습니다.

꿈이있는 사람은
두려워하지 않는다(신국판)

초판 1쇄 인 쇄 · 2014년 10월 8일
발 행 · 2014년 10월 15일
기 획 · 이상길선교사(러시아)
지은이 · 김선희
발행인 · 황경자
발행처 · 도서출판 두돌비
주 소 · 서울특별시 중랑구 동일로 107길 12
전 화 · (02)964-6993 / Fax (02) 2208-0153
등 록 · 제 2006-12호
메 일 · 153books@hanmail.net

정 가 10,000원
ISBN 978-89-85583-56-5

파본은 교환해 드립니다.